信仰的力量

金华早期共产党人的初心和使命

中共金华市委宣传部
浙江师范大学马克思主义学院　编著

东南大学出版社
SOUTHEAST UNIVERSITY PRESS
·南京·

图书在版编目(CIP)数据

信仰的力量：金华早期共产党人的初心和使命 / 中共金华市委宣传部,浙江师范大学马克思主义学院编著. —南京：东南大学出版社,2022.8
 ISBN 978-7-5766-0192-3

Ⅰ.①信… Ⅱ.①中…②浙… Ⅲ.①中国共产党－党员－先进事迹－金华 Ⅳ.①D263

中国版本图书馆CIP数据核字(2022)第144742号

责任编辑：唐　允　徐　潇　责任校对：李成思　封面设计：毕　真　责任印制：周荣虎

信仰的力量　金华早期共产党人的初心和使命
Xinyang De Liliang　Jinhua Zaoqi Gongchandangren De Chuxin He Shiming

| 编　　著：中共金华市委宣传部 浙江师范大学马克思主义学院
| 出版发行：东南大学出版社
| 社　　址：南京四牌楼2号　邮编：210096
| 网　　址：http://www.seupress.com
| 经　　销：全国各地新华书店
| 印　　刷：南京艺中印务有限公司
| 开　　本：787 mm×1092 mm　1/16
| 印　　张：10.25
| 字　　数：280千字
| 版　　次：2022年8月第1版
| 印　　次：2022年8月第1次印刷
| 书　　号：ISBN 978-7-5766-0192-3
| 定　　价：52.00元

本社图书若有印装质量问题,请直接与营销部联系。电话：025-83791830

前　言

牢记初心使命,感受信仰力量,奋进复兴征程。一百年来,中国共产党从初创时的几十人发展成至今拥有9 000多万优秀儿女的世界第一大党,已经从一个在半殖民地半封建条件下领导人民为争取民族独立和人民解放而奋斗的党,转变成在新时代领导14亿中国人民为实现国家繁荣富强和人民美好生活而努力的执政党,中国特色社会主义建设取得了举世瞩目的伟大成就,中国面貌发生了翻天覆地的变化。一百年来,中国共产党经受了血与火的洗礼、灵与肉的考验。一部中国共产党历史,就是一部无数革命先烈不忘初心,牢记使命,抛头颅、洒热血,前仆后继、浴血奋战,开拓进取、继往开来的百年奋斗史,是一部共产党人领导全国人民永不懈怠、一往无前,励精图治、奋发图强的创业史。

浙江是一个富有革命传统的省份,曾经涌现出一代又一代、一批又一批党的优秀儿女、民族精英,而金华更是浙江革命的摇篮之一。早在五四运动时期,金华一带的进步青年、学生就积极投身轰轰烈烈的反帝反封建的爱国运动。中国共产党成立以后,金华的爱国进步青年和革命志士在党的领导下,纷纷投入国民革命战争、土地革命战争、抗日战争和解放战争等的革命洪流之中。这期间,无数金华人民的优秀儿女,有的为了民族独立、人民解放,为新中国的诞生献出了自己宝贵的生命;有的不仅在革命战争年代为民族解放事业奋战,而且在新中国成立后积极投身社会主义建设事业,为实现中华民族伟大复兴奋斗终身。本书记载的七位金华人民的优秀儿女,就是其中的杰出代表。他们中有被誉为"铁肩担道义,辣笔著文章"的著名报人邵飘萍;有黄埔军校最早牺牲的中共党员、中国共产党历史上第一位血洒雨花台的革命烈士金佛庄;有"参加革命,不盼长命",四次被捕绝不屈服而英勇就义的湖畔诗人潘漠华;有把"法庭当战场,监狱作熔炉"的中共浙江省委书记徐英;有《共产党宣言》第一个中文全译本的译者,留下信仰味道的中国共产党早期党员陈望道;有参加早期党组织活动,成为社会主义青年团(共青团前身)第一任书记的施复亮;有走完两万五千里长征路的革命文人冯雪峰。他们的英勇顽强和不屈奋斗,为中国共产党历史增添了耀眼的光彩,也为中国革命和建设留下不朽的篇章。

  习近平总书记说:"不忘初心,方得始终。中国共产党人的初心和使命,就是为中国人民谋幸福,为中华民族谋复兴。这个初心和使命是激励中国共产党人不断前进的根本动力。"当前,中国特色社会主义已经进入新时代,我们正踏上全面建设社会主义现代化强国的新征程。这些金华早期共产党人"不忘初心,牢记使命",他们顽强拼搏的光辉事迹和思想情怀,给我们留下了宝贵的精神财富,他们身上闪耀着的光辉品德和展现出的信仰力量,必将激励着我们在全面建设社会主义现代化强国新征程中"不忘初心,牢记使命",开拓进取,奋力拼搏,为夺取新时代中国特色社会主义伟大胜利、实现中华民族伟大复兴的中国梦、实现人民对美好生活的向往阔步前行。

目　录

上篇　传记

铁肩道义　辣笔文章
——邵飘萍传略 ········· 3

殉义革命　壮烈可风
——金佛庄传略 ········· 13

法庭战场　监狱熔炉
——徐英传略 ········· 22

参加革命　不盼长命
——潘漠华传略 ········· 27

成其先河　望道之道
——陈望道传略 ········· 34

早期党员　民建先贤
——施复亮传略 ········· 43

左翼文人　革命斗士
——冯雪峰传略 ········· 52

中篇　纪事

邵飘萍大事记 ········· 63
金佛庄大事记 ········· 71
徐英大事记 ········· 75

潘漠华大事记 ·············· 77
陈望道大事记 ·············· 81
施复亮大事记 ·············· 85
冯雪峰大事记 ·············· 90

下篇　评述

邵飘萍与马列主义在中国的早期传播 ·············· 99
论金佛庄的共产党人品格 ·············· 107
简析徐英的崇高革命献身精神 ·············· 115
试论潘漠华不屈的革命斗争精神 ·············· 121
陈望道首译《共产党宣言》及其与中国的四次结合
　　——基于解释学视域的百年解读 ·············· 129
施复亮对马克思主义的传播与实践 ·············· 139
论冯雪峰人格风范的基本特征 ·············· 149

后记 ·············· 157

上篇　传记

铁肩道义　辣笔文章
——邵飘萍传略

邵飘萍（1886—1926），原名邵新成，又名镜清、振青，字飘萍，浙江东阳人，幼时随父母迁居金华谋生①。曾担任杭州《汉民日报》主编、《申报》驻京特派记者，并与人协力创办"新闻编译社"。后在北京②创办大型日报《京报》，积极支持北大学生组织新闻研究会③、《国民》杂志社以及学生爱国运动。五四运动后，避居日本，担任朝日新闻特约记者，写成《综合研究各国社会思潮》《新俄国之研究》两书，系统地介绍马克思主义学说和俄国十月革命及其苏维埃政府。因一直坚持"新闻救国"，揭示北洋政府的罪行，为军阀政府所不容，1926年以"勾结赤俄，宣传赤化"的罪名被杀害。

---

① 学术界关于邵飘萍的出生时间及出生地有争议，此处采用学者旭文的说法，邵飘萍生于1886年农历九月十四日，即1886年10月11日。据《东阳紫溪壬申邵氏宗谱》记载，邵飘萍生于"光绪丙戌九月十四日"，这应该是农历时间。但又有邵飘萍出生于1884年11月1日等其他说法。关于邵飘萍的出生地也存有争论，另有一说是出生于金华县（现为金华市）东市街芝英考寓。从邵飘萍父亲迁居金华的时间推算，当时邵飘萍刚出生才3个月左右，其父迁居金华时也将邵飘萍带到了金华。

② 1928年6月20日至1949年9月30日，北京更名为"北平"。本书时间跨度大，为避免频繁变更地名，全书统作"北京"。个别学校名称中保留"北平"的叫法。

③ 1919年2月改名为新闻学研究会，直至1920年12月。本书中统称其为"新闻研究会"。

一、出生与求学

邵飘萍,1886年10月11日出生于浙江东阳县(现为东阳市)大联乡紫溪村。其父邵坦懋,清末秀才。邵坦懋原在村里以教书糊口,因不容于当地土豪而于1887年1月迁居金华,租住于所属永康县的芝英考寓①。邵坦懋以设馆授徒、代人撰写诉状打官司为业。妻子徐凤珠,东阳县大联乡下徐村人,除操持家务外,还养母鹿、卖豆芽等,生活境况逐渐好转②。邵坦懋与妻子徐氏生有五子四女,邵飘萍排行老四。邵飘萍从小聪慧好学,于1899年考取秀才。但他并不热衷于科举之道,后来逐渐走上"新闻救国"之道路。

1906年,邵飘萍以优异成绩考入浙江高等学堂师范科(学制三年)。当时邵飘萍家境贫寒,读书费用是从金华一家商号借来的100元,他的朋友金兆丰和大姐新月也都有资助③。在读书期间,他接触到许多报纸杂志,特别喜欢梁启超先生的政论文章,也尝试模仿梁的文风,开始为上海《申报》、杭州《汉民日报》等报纸写地方报道,以激烈言辞揭露土豪劣绅之丑恶行径。同一时期,他也与秋瑾、徐锡麟等革命人士开始了交往。当时的报纸经常讨论"救国之道",有科学救国、实业救国等议论。邵飘萍认为,报纸对国家和人民所起作用很大,隐隐有一种"新闻救国"的理想。

1909年夏,邵飘萍从浙江高等学堂毕业,回到金华中学堂兼课,教历史、国文。同年秋,由父母做主,其与金华朱店村的一位农村姑娘沈小仍结婚。邵坦懋因感恩大哥邵坦楠对邵飘萍的栽培,在邵坦楠去世后,将邵飘萍过继给其为子。按照当时习俗,一子兼祧两房,每房可以娶一妻。由此,邵飘萍又在父母做主下,于1912年初与金华姑娘汤修慧结婚④。在金华工作期间,邵飘萍应聘为《申报》特约通讯员,为该报撰写金华通讯,开始和新闻事业发生关联。

二、初涉新闻事业

1911年10月10日武昌起义,1912年1月1日中华民国成立,2月12日清帝退位,延续几千年的封建专制制度终结。中华民国临时政府宣布了《中华民国临时约法》,规定国民享有"言论、出版、集会"等自由,心怀"新闻救国"宏志的邵飘萍深受鼓舞。1911年,25岁的邵飘萍毅然辞去金华的教职,去杭州谋出路。他拜访了《汉民日报》社长杭辛斋,杭遂聘请邵飘萍担任主编,由此开始了其办报生涯。此时,邵飘萍已由崇拜康有为、梁启超转向崇拜孙中山。

1913年8月,因《汉民日报》大力抨击袁世凯对内破坏民主、对外丧权辱国大借款等,引

---

① 考寓为参加科举考试的考生宿舍,由各县到府地建造,科考期间供本县考生居住,平时出租。
② 旭文编著:《邵飘萍传略》,北京师范学院出版社,1990年,第4—5页。
③ 旭文:《记迁婺前的邵桂林》,参见浙江省东阳县委员会文史资料工作委员会编:《东阳文史资料选辑:第二辑(邵飘萍史料专辑)》,内部发行,1985年,第192页。
④ 妻沈小仍,生三女二子,乃贤(女)、乃愳(女)、桂生(或贵生)、祥生、乃奇(女),1923年去世。妻汤修慧(旧俗为出继兼祧可另娶妻),无出,继一子祥生。妻祝文秀,无出,收养一子,名祝韶华(从母姓)。

起当局不满,邵飘萍被都督朱瑞以"扰害治安罪"和"'二次革命'嫌疑罪"逮捕入狱,《汉民日报》也遭查封。在夫人汤修慧的积极奔走下,邵飘萍不久便获释出狱。

为避开袁世凯的缉捕,1913年8月下旬,邵飘萍东渡日本,就读于东京法政大学。当时,日本帝国主义侵略中国的野心昭然若揭,趁第一次世界大战时机,于1914年8月对德宣战,大举出兵山东,攻占青岛和胶济铁路全线,控制了山东省。1915年初,日本又向袁世凯政府提出了妄图灭亡中国的"二十一条"。目睹此种局势,邵飘萍心急如焚,难以安坐书斋,奔走于留日学生之中,商讨救国之策。他找了同在法政大学留学的潘公弼和马文车一起创办了"东京通讯社",为京津沪各著名报纸提供东京新闻,把在日本的所见所闻及有关日本侵略中国的阴谋、旅日爱国华侨的反袁活动等全盘告知国人。

三、立志"新闻救国"

1915年12月12日,袁世凯复辟帝制,这激起了国人的极大愤慨。于是,蔡锷、唐继尧、李烈钧等人宣布云南独立,通电全国,反对袁世凯,发起讨袁护国运动。1915年12月下旬,上海新闻界电邀邵飘萍归国,以加强新闻界对袁世凯的讨伐力度。当时,上海新闻界是全国舆论的中心阵地。邵飘萍毅然放弃学业,怀着"新闻救国"的理想匆匆返回国内。抵沪后,邵飘萍专为上海《时报》工作,并为《时事新报》《申报》写稿,以"阿平"署名,其犀利的文字驰名全国舆论界。6月6日,袁世凯在举国讨伐声中死去,北洋政府落入皖系段祺瑞手里。

不久,邵飘萍接受《申报》社长史量才的特聘,担任该报驻京特派记者。《申报》是民国初期上海资格最老、销路最广的报纸,但它的国内外新闻主要靠外国通讯社供给,本报的专电很少。因经费短缺,《申报》只在北京、天津、汉口、广州四个城市聘有记者,或派专人担任采访①。邵飘萍接受聘请后,把他在上海的工作交代给留日归国的潘公弼,于7月离沪赴京就任。邵飘萍到北京后,以人民的立场,努力报道事情之真相,对于政治事件千方百计求得其来龙去脉。邵飘萍每日给《申报》发电两三千字(过去仅几百字),并且还写通讯报道,打开了新局面。在担任《申报》驻京特派记者的两年多时间里(1916年7月至1918年10月),他写了250多篇新闻通讯、字数22万多,《申报》的"北京特别通讯"一时风靡全国。

当时,中国的新闻事业正处于初创阶段,中国报纸关于欧美国家情况及外交消息等大都摘自外国报纸,而外国报纸大多以自身利益为出发点,颠倒是非、真伪不分。为打破外国人垄断我国新闻的状态,1916年7月,邵飘萍初抵北京便集合人力办起了"新闻编译社"②,采编本国新闻、翻译外国报纸,注重政治、军事新闻,以内幕、独家新闻见长。1917年前后,邵飘萍曾想方设法获取内阁会议要闻,通过编译社快速地将内阁会议内容公布于众。内阁

---

① 旭文编著:《邵飘萍传略》,北京师范学院出版社,1990年,第25页。
② 关于新闻编译社的创办时间,邵飘萍自己都有不同的记录。1924年3月,邵飘萍在《东方杂志》21卷6号上发表的《我国新闻学进步之趋势》中说及新闻编译社创办于民国7年(1918年);但在同年6月出版的《新闻学总论》一书中又说新闻编译社创办于民国5年(1916年)7月。经考证,成立时间应为民国5年7月。参见孙晓阳:《关于邵飘萍的几点考证》,《新闻研究资料》1983年第6期。

会议内容于是成为编译社的重要内幕新闻①。新闻编译社每天将所获消息油印，并派员分送至本市各报，外地则邮寄。这些新闻大多被中外记者采用，外地及外国驻京特派员也都订购稿件以作资料之用②。新闻编译社的创办目的在于改变外国通讯社任意左右我国新闻的局面，因此从创办之初便带上了爱国主义色彩，这也为中国通讯社的独立发展奠定了良好的基础。

1917年1月，章士钊在北京复刊《甲寅》月刊③，并改为日刊。邵飘萍经常为《甲寅》撰稿，也与章士钊洽谈新闻业务。复刊后，因章士钊与《甲寅》杂志社经理陆鸿达有事回湖南，便聘邵飘萍代理《甲寅》馆务，为时半年。当时邵飘萍初到北京，虽然创办了新闻编译社，但因设备简陋，又无版面，社会影响力非常有限。代管《甲寅》，又让邵飘萍多了一块施展新闻抱负的阵地。当时他采写的一些重要的内幕消息，就是通过《甲寅》抢先发布的④。

1918年10月5日，邵飘萍辞去《申报》驻京特派记者一职，在北京创办大型日报《京报》，希望开创中国新闻界不受各政党控制的新局面，增进新闻纪事之信用。起初，因经费有限，报社设在珠巢街，设备简陋，没有印刷工具，委托别人代为印刷；后来搬到新华街小沙土园，有平房二十余间，才稍加扩充⑤。《京报》是一张对开四版的日报，栏目众多，新闻通讯和评论结合紧密，具有新闻多、评论多、副刊多的特点，创刊后很快就因消息灵通、内容丰富受到读者的欢迎。《京报》创刊不久，销量便从最初的300多份，一跃上升为4 000多份，最高发行数量达6 000份，成为北京地区发行量最大的报纸。

四、力促新闻教育

在蔡元培先生的支持下及《京报》社长兼总编辑邵飘萍的建议下，北京大学于1918年10月14日成立新闻研究会。蔡校长担任会长，并为该会拟定简章，规定其宗旨为"研究新闻学理，增长新闻经验，以谋新闻事业之发展"。研究会聘请邵飘萍和留美归国的徐宝璜两位导师担任讲师。因蔡校长事务繁忙，研究会实际事务由两位导师负责管理。

研究会设在北京沙滩东口红楼34教室，两位导师利用晚上或周末时间向会员传授新闻知识，每周讲习3—5次，每期为时5个月，结业时给会员颁发文凭。每周一、三，由徐宝璜主讲"新闻学原理"，周日上午由邵飘萍讲授"新闻学总论"，主讲办报理论、采访技能等实务，每次讲授一个小时⑥。邵飘萍思想进步、言谈潇洒，富有新闻采访经验，深受会员的欢迎。邵的授课，除了讲授一般的报纸出版、新闻采访等业务知识之外，更强调"访员"（即记者）的

---

① 孙晓阳：《关于邵飘萍的几点考证》，《新闻研究资料》1983年第6期。
② 应乃尔：《从自由主义到共产主义——邵飘萍战斗的一生》，《杭州师院学报（社会科学版）》1987年第1期。
③ 该月刊于1914年5月创办，后停办。
④ 孙晓阳：《关于邵飘萍的几点考证》，《新闻研究资料》1983年第6期。
⑤ 汤修慧：《一代报人——邵飘萍》，参见浙江省东阳县委员会文史资料工作委员会编：《东阳文史资料选辑·第二辑（邵飘萍史料专辑）》，内部发行，1985年，第62页。
⑥ 商伟：《毛泽东与北京大学新闻学研究会》，《青年记者》2014年第14期。

素质与思想的训练，尤其重视新闻理论与实践的结合，要求听讲者注意对社会政治、经济、劳工等问题的调查，并展示采访调查的方法。

新闻研究会从成立到1920年12月停止活动，培养出众多的报学人才，不少会员成为当时及后来一些报刊的主力，如高君宇、谭植棠，都是积极倡导革新、民主和科学的撰稿人，高君宇还是北大校内《新潮》杂志的主要编辑之一。新闻研究会曾发行《新闻周刊》，对一周新闻做系统的记录，并加以评议。

在日本帝国主义侵占我国山东、提出丧权辱国的"二十一条"后，1918年5月，北洋军阀政府又与日本签订了出卖主权的《中日共同防敌军事协定》，留日学生率先获悉协定内容，在东京举行游行集会，结果惨遭日本警察的侮辱和殴打。为此，学生纷纷罢课回国。这一行动，得到北京爱国人士和北大学生的大力支持。为了加强联系和扩大爱国反帝宣传，1918年10月20日，"学生救国会"在北京大学组织起《国民》杂志社，聘请邵飘萍、徐悲鸿为顾问，李大钊为指导。《国民》杂志社的宗旨是："增进国民人格，灌输国民常识，研究学术，提倡国货。"《国民》杂志社成立后，出版了《国民》月刊，有通论、专著、译述、调查、艺林、丛录、通讯等10个栏目。新闻研究会的会员和《国民》月刊的主要编辑邓中夏、高君宇、许德珩等不仅做编辑工作，而且亲自撰写文稿，为宣传爱国、唤起民众投入反帝反封建的斗争尤其是反抗日本帝国主义的侵略做了大量的具体工作。《国民》月刊由北京大学出版部和各省大书店经销，五四运动开始前虽只发行了四期，但在爱国知识分子中已产生了一定的影响①。由于邵飘萍及新闻研究会的骨干会员在杂志社的积极活动，《国民》月刊及《国民》杂志社在配合当时正在酝酿和兴起的爱国反帝运动、加强爱国学生和社会革命力量之间的联系方面都起到了积极的纽带作用。

此后，邵飘萍还曾应聘为北京平民大学和国立法政大学的教授，讲授新闻学课程，先后编写出版了《实际应用新闻学》和《新闻学总论》两部新闻学专著，并担任了北平务本女子大学的校长。在北京平民大学，邵飘萍主要讲授"实际应用新闻学"（又名"新闻材料采集法"），同名书于1923年由京报馆出版；在国立法政大学，邵飘萍主要讲授"新闻学总论"，同名书于1924年出版②。

五、助推五四运动

1919年1月18日，巴黎和会开幕，中国以战胜国的身份出席会议，在会上提出取消帝国主义列强在中国的特权、废除日本与袁世凯秘密订立的"二十一条"及收回山东权益等要求。然而，美、英、法在日本的要挟下，屈从了日本的蛮横要求，拒绝了中国收回山东权益的正当要求，于4月30日决定将德国在山东的特权转让给日本。

5月1日、2日，中国外交在巴黎和会上完全失败的消息先后在上海《大陆报》、北京《晨

---

① 旭文：《五四号手邵飘萍》，《北京党史通讯》1989年第3期。
② 郭根：《关于邵飘萍》，参见浙江省东阳县委员会文史资料工作委员会编：《东阳文史资料选辑：第二辑（邵飘萍史料专辑）》，内部发行，1985年，第81页。

报》上披露。《国民》杂志社随即召开会议,做出"五七"大示威的决定,并草拟宣言送达各报,呼吁北京专门以上学校届时一起举行大示威。

5月2日,蔡元培先生获悉北洋政府要求外交代表在巴黎和会上签字的消息后,在北大饭厅召集学生班长和代表百余人开会,讲述巴黎和会上帝国主义国家相互勾结、牺牲中国主权的情况,指出这是国家存亡的关键时刻,号召大家奋起救国。会后,与会者约集参加《国民》杂志社的各校学生代表于当天下午召开一个紧急会议,讨论决定于5月3日(星期六)晚7时在北大法科大礼堂召开全体学生大会,并约北京13个中等以上学校学生代表参加。

5月3日晚,未到开会时间,北大法科礼堂已集结1000余人,除北大学生外,北京高等师范学校等12所中等以上学校的学生代表也应邀到会。邵飘萍先生也应邀参加,并向与会者发表演说,报告了北京国民外交协会议决通电各省于5月7日同时召开要求政府拒签"和约"的国民大会的消息,悲愤激昂地讲述了巴黎和会上中国外交失败的经过和原因,具体分析了山东问题的性质及当下之形势,最后大声疾呼:"现在民族危机系于一发,如果我们再缄默等待,民族就无从挽救而只有沦亡了。北大是最高学府,应当挺身而出,把各校同学发动起来,救亡图存,奋起抗争。"①邵飘萍的大声疾呼,大大激发了与会学生的爱国情感。新闻研究会和《国民》杂志社的成员及各校代表争相登台、慷慨陈词,表示非"直接行动"不可,一时间青年学生热血沸腾,以至有断指血书者②。与会者一致决定:于第二天即5月4日(星期日)早上举行示威游行。

由此可见,"五三聚会"是拉开五四爱国运动的前奏。在五四运动前夜,邵飘萍对学生的演讲激发了学生强烈的爱国情感,其是五四爱国运动重要的直接推动者之一,他的历史功绩不可磨灭。

5月4日上午,邵飘萍赶往堂子胡同国立法政专门学校参加北京各校学生代表举行的午前筹会,在会上报告巴黎和会经过和我国外交形势。会后,会议主席宣布请各代表即刻回校召集同学,于下午1时在天安门集合举行示威游行。

5月4日下午,爆发了震惊中外的五四运动。北洋政府派出军警镇压,逮捕了大批爱国学生。5月5日,全北京的学生实行总罢课,以示强烈抗议。邵飘萍夜以继日地在《京报》上奋笔疾书,深刻揭露帝国主义侵略中国之阴谋,愤怒抨击北洋军阀政府的无能,揭发三大卖国贼的卖国行径,坚决支持学生的爱国反帝行动,同时鼓动社会各界积极支持学生的爱国行动。

学生发动的爱国运动遭到反动当局的镇压,引起了全国各界人士的普遍不满和强烈抗议。6月5日,震惊全国的"三罢"斗争(学生罢课、商人罢市、工人罢工)在上海全面展开,最终迫使反动政府拒签和约、罢免三大卖国贼,捍卫了中华民族的尊严。在这场维护国家主权、挽救民族危亡的斗争中,邵飘萍做出了非常大的贡献,他在"五三聚会"上的呐喊与呼吁

---

① 旭文编著:《邵飘萍传略》,北京师范学院出版社,1990年,第55页。
② 郭根:《关于邵飘萍》,参见浙江省东阳县委员会文史资料工作委员会编:《东阳文史资料选辑:第二辑(邵飘萍史料专辑)》,内部发行,1985年,第90页。

激发了学生"国家兴亡、匹夫有责"的爱国情感,他主编的《京报》充分发挥了进步舆论的宣传引导作用。

五四运动时期,《京报》对北洋政府的卖国行径进行无情揭发,引起了北洋政府的极大不满。同年8月22日,段祺瑞下令查封《京报》,并派军警包围报馆,声称要逮捕邵飘萍。邵避入东交民巷六国饭店,然后乔装逃至天津。稍后,其与祝文秀①从天津秘密抵达上海。

六、宣传十月革命与马列主义

1919年9月,为避风头,邵飘萍在友人张季鸾的推荐下,接受日本大阪朝日新闻社之聘请,再次东渡日本,担任朝日新闻顾问。在日本期间,除了从事新闻工作、系统地考察和研究日本的新闻事业,邵飘萍还如饥似渴地阅读和研究各国社会思潮和政治动态,研究苏维埃俄国和马克思列宁的学说,并借助日文攻读《资本论大纲》《社会主义研究》等宣传马克思主义的著作。

在日本半年左右的时间里,邵飘萍写成《综合研究各国社会思潮》《新俄国之研究》两书,它们是邵历经阅读和研究后做出的重要思想成果。《综合研究各国社会思潮》一书分两编:上编详细介绍了马克思、恩格斯的生平及《资本论》《共产党宣言》中的思想;下编分别介绍了国家社会主义、马克思社会主义、马克思主义之"修正"、无政府主义、布尔什维主义、基尔特社会主义等学说。《新俄国之研究》于1920年8月由日本东瀛编译社出版,出版后即销售一空。该书比较系统、全面地介绍了布尔什维克党的历史、十月革命以及十月革命后苏维埃俄国的政治、经济、文化、教育、外交制度和成就,赞扬了无产阶级领袖列宁的革命精神。这本书的出版对于中国人了解俄国十月革命具有重要的价值。

在中国共产党成立之前,如此全面、系统地介绍马克思主义学说和俄国十月革命及其苏维埃政府是绝无仅有的。通过在日本的工作、学习,邵飘萍迈出了极为重要的一步,从此他的批判锋芒更为明确、坚定和犀利。也正是在这个时期,邵飘萍曾登门造访孙中山,并与李大钊一起反对"二十一条"共获声名。

七、新闻救国许终生

1920年下半年,皖系军阀倒台,邵飘萍从日本返回国内。在邵飘萍的努力下,9月17日,《京报》复刊②,集资兴建新报馆于宣武门骡马市大街的魏染胡同。新馆舍是一座两层楼房,楼下是营业部、传达室,楼上是编辑部、经理室。报馆采用手摇印刷机等比较现代化的设备,运用日本报业的先进经验对内部的组织和编辑方法都进行了改革,还在报馆对面不远处附设昭明印刷厂,有住房、校对室、印刷间、铅字房、铸字炉等二十余间,工人三四十

---

① 祝文秀(1897—1988),江苏无锡前州乡西塘村张巷人,1919年2月与邵飘萍在北京结婚,是陪伴邵飘萍走完人生最后7年的爱人。祝文秀在邵飘萍遇难后不久,便返回故乡无锡西塘隐居,此后未再婚,一直过着清贫淡泊的日子。

② 复旦大学新闻系编:《新闻学小辞典》,广西日报编辑部,1976年,第195页。

人①。为了提高采访的便利性,邵飘萍又购买了一辆黑色小轿车,成为中国新闻记者以自备汽车进行采访的第一人。此外,他又采购自行车十辆,雇用工人分送报纸。

邵飘萍认为,《京报》要继续以往不畏权势、揭露真相的奋斗传统,要把《京报》办成表达民意、同帝国主义做斗争的舆论场地。《京报》的发展壮大与舆论影响的增强,使军阀张作霖极度恐慌。起初,张作霖通过多种方式设法收买邵飘萍,曾汇款30万大洋给邵飘萍,但却被邵断然拒绝,悉数退回。

1921年7月,中国共产党成立后,各级党组织都以主要精力从事工人运动。从1921年下半年开始,全国各地相继爆发工人罢工斗争。1922年1月至1923年2月,中国共产党领导的工人运动形成第一次高潮,邵飘萍以满腔热情支持工人运动,在《京报》上发表大量反映工人斗争的文章,如安源煤矿工人大罢工、唐山五矿工人大罢工、京汉铁路大罢工、二七惨案等等相关报道,揭露资本家的剥削、总结罢工胜利的经验、谴责军阀当局屠杀工人的罪行等②。鉴于邵飘萍对党的工作及工人运动的高度支持,1925年春,经李大钊和罗章龙介绍,邵飘萍正式加入中国共产党③。

邵飘萍入党以后,以更加高昂的斗志投入新闻救国之中。1925年5月30日上海五卅惨案发生后,邵飘萍便于第二天在《京报》上以大幅标题《沪租界巡捕枪杀学生之惨案》,详细报道了惨案的原因和经过,怒斥帝国主义的强盗行为,呼吁世界人民起来抗议英、日帝国主义的暴行。同时,他不惜牺牲收入,撤掉了《京报》上所有英、日的商品广告,并用三到四个版面的篇幅刊出大量新闻、评论和图片,声讨英、日帝国主义的暴行。到7月中旬,邵飘萍一共发表40余篇关于五卅惨案的署名文章,声援全国人民的反帝斗争④。

1926年3月18日,北京群众1万余人在天安门集会,由李大钊主持,向段祺瑞执政府抗议,要求拒绝八国通牒。会后,当数千人的游行队伍到达北京铁狮子胡同执政府和国务院门前请愿时,执政府卫队在不加任何警告的情况下,向请愿队伍实弹射击,当场打死47人,李大钊、陈乔年等200余人受伤,这就是震惊全国的"三一八"惨案。惨案发生后,中国知识分子和各大媒体表现出前所未有的社会良知,纷纷谴责段祺瑞执政府。邵飘萍立即派记者亲赴现场调查、摄影,自己亲赴权威处了解,连夜回来,奋笔疾书写下一篇篇战斗檄文,如《世界空前惨案——不要得意,不要大意》(3月18日时评)、《可谓强有力之政府矣——举国同声痛哭,列强一致赞成》(3月19日社论)、《小沙场之战绩》(3月20日)、《警告司法界与国民军——段、贾等可逍遥法外乎?各方注意屠杀案要点》(3月21日)⑤。《京报》大篇幅地连续发表消息和评论,广泛而深入地报道惨案真相,《京报副刊》也发表了有关文章。邵飘

---

① 旭文编著:《邵飘萍传略》,北京师范学院出版社,1990年,第34页。
② 中共浙江省委党史研究室编:《浙江先进分子与中国共产党的创建》,中共党史出版社,2008年,第334页。
③ 丁新约、王世奎主编:《中国共产党英烈志》,青岛海洋大学出版社,1991年,第19—20页。
④ 中共浙江省委党史研究室编:《浙江先进分子与中国共产党的创建》,中共党史出版社,2008年,第335页。
⑤ 应乃尔:《从自由主义到共产主义——邵飘萍战斗的一生》,《杭州师院学报(社会科学版)》1987年第1期。

萍还邀请鲁迅写了三篇揭露段祺瑞执政府罪行的杂文,刊登在《京报》上。

3月26日,段祺瑞执政府下令通缉48人,邵飘萍位列第16位,白色恐怖笼罩北京。邵飘萍依旧未离京。4月15日,国民军被迫退出北京,奉系军阀汹涌而入,随即扑灭四种报章、逼死两种副刊、妨害三种期刊,其中就有《京报》《京报副刊》及《莽原》。在这种不利情势下,为防万一,邵飘萍避祸于东交民巷内的六国饭店,京报馆日常事务由夫人汤修慧处理。

为了缉捕邵飘萍,奉系军阀以"造币厂厂长一职和2万块大洋"为诱饵,收买了与邵飘萍有旧交的《大陆报》社长张翰举①。在张翰举的欺骗之下,4月24日傍晚,邵飘萍趁夜色乘车回到报馆处理事务。处理完报馆事务后,邵飘萍在乘车返回东交民巷的途中,在魏染胡同口遭到事先埋伏的警察厅侦缉队的逮捕。就在他被押往警察厅时,京报馆也被包围搜查,最后侦缉队声称搜出了冯玉祥聘请邵飘萍为军事顾问的聘书、军事电报密码一本以及他与冯玉祥的合影等,作为邵飘萍犯罪的物证。随后,侦缉队查封了报馆。

4月25日凌晨4时,汤修慧和家人获悉邵飘萍被捕,立即告知北京新闻界和各方面人士。消息传出,北京各界人士立即设法营救。25日下午3时,北京新闻界召开会议商讨营救邵飘萍的办法,会议决定由新闻等各界13名代表组成小组与张学良交涉。代表们会见张学良,被告知杀害邵飘萍乃奉系入京前即有此预谋,认为邵"宣传赤化,流毒社会,贻误青年",罪不可赦。多方奔走营救,均归无效。

4月26日凌晨1时,直奉联军总执法处草草提审邵飘萍,审问进行了两个多小时,随后以"勾结赤俄,宣传赤化"的罪名,判处邵飘萍死刑。当日凌晨4时许,邵飘萍即被绑赴北京天桥刑场枪毙,时年40岁。

邵飘萍遇难后,北洋军阀不准家属收尸,遗体被草率地埋在枪决现场。不久,其家人冒险寻到葬地,根据有关记载:"开棺后看到飘萍尸体。子弹从后脑进入,向前面左颊部位穿出,成一个小三角形似的。头发蓬乱,血迹斑斑。他身穿华丝葛长衫,黑色纱马褂,丝光袜,红皮底黑色缎面鞋。"②这时,名伶马连良慨然以友人的身份出面,参与为邵飘萍收尸。他出钱请人在城外搭建了一个开丧的凉棚,接待前来吊丧的人们。前来吊唁的人很多,开丧从上午7时开始,到下午3时还没有结束。马连良还拍摄了照片,为控诉北洋军阀的暴行留下了珍贵的第一手资料,其中一张是邵飘萍整容后的遗容,照片上,其左眼下的弹洞清晰可见。

1949年4月,毛泽东亲自批准追认邵飘萍为革命烈士,并指示有关部门要安排好烈士家属的生活。新中国成立后不久,邵飘萍家乡浙江金华县人民政府追认邵飘萍为革命烈士。1982年4月26日,在邵飘萍牺牲56周年之际,北京市人民政府又将邵飘萍的骨灰安放在八宝山革命烈士公墓。《光明日报》《北京日报》《北京晚报》及《文汇报》等相继发表了纪念文章和汤修慧访谈记。邵飘萍的家乡浙江东阳县于1985年编辑出版了《东阳文史资料选辑·邵飘萍史料专辑》。

1986年,是邵飘萍诞辰100周年,也是他牺牲60周年,各地开展了一系列活动,以纪念

---

① 曹子西主编:《北京历史人物传(下册)》,北京燕山出版社,2014年,第712页。
② 散木著:《乱世飘萍:邵飘萍和他的时代》,南方日报出版社,2006年,第59页。

这位革命烈士。4月26日,是邵飘萍牺牲60周年纪念日,东阳县将紫溪小学命名为"飘萍小学",时任全国人大常委会副委员长严济慈亲书校名,并亲切地会见了90岁初次回婆家的邵夫人祝文秀①。7月1日,在中宣部新闻局、中华全国新闻工作者协会以及北京、上海和浙江等地26个单位的赞助下,由金华日报社具体承办,上海大学美术学院雕塑系主任章永浩亲制的高达3米的邵飘萍铜像在金华市婺州公园落成。7月10日,中共中央组织部在批复浙江省金华市委的报告中,承认了邵飘萍的党籍,"认定邵飘萍同志1925年春加入中国共产党"②。邵飘萍中共秘密党员的身份大白于天下。

邵飘萍在新闻战线做出的独特的光辉业绩,永载史册。

---

① 旭文编著:《邵飘萍传略》,北京师范学院出版社,1990年,第166页。
② 曾宪明:《邵飘萍政治身份的三次认证》,《党史文汇》1998年第7期。

殉义革命　壮烈可风
——金佛庄传略

金佛庄（1897—1926），乳名为文，学名金灿，字辉卿，浙江东阳人。1922年加入中国共产党，是浙江省最早的党组织——中共杭州小组的成员，中共三大代表之一，是中国共产党早期优秀的军事干部。历任黄埔军校第一期第三学生队队长，教导第二团第三营营长，国民革命军第一军第一师第二团党代表、团长，总司令部警卫团少将团长等职。国民革命时期，先后参加平定广州商团事变和滇桂军阀叛乱，北伐战争中身先士卒、作战勇猛、智勇双全、功勋卓著。1926年12月，在南京被军阀孙传芳部秘密逮捕，杀害于南京雨花台，成为中共历史上第一个血洒雨花台的革命烈士，也是最早牺牲的具有中共党员身份的黄埔学生。

一、卓尔不凡，胸怀大志

金佛庄出生于浙江省东阳县（现东阳市）横店乡（现横店镇）良渡村，父亲金本兰是一个农忙时务农、农闲时行医的乡村郎中，在东阳横店四乡颇有名气，但家境仍然很是清寒。母亲施玉英，生育四男二女，金佛庄是长子。他家从祖父辈起，三代不分家，金佛庄自小就由叔公代养在镇上的南货店里。1903年，6岁的金佛庄入私塾启蒙，师从老贡生金洪锦，后又跟随老秀才吕松贵先生课读。吕老先生见金佛庄聪敏好学，写得一手好文章，自然十分喜欢,亲自给他取了"金灿"的学名和"辉卿"的字,寓意这个孩子日后前程远大、光辉灿烂。后来,由于抚养他的叔公去世,家里的境况就更加困顿。《金佛庄自述》中他曾这样追忆:家中父母"遣儿求学,吃尽艰辛,佛庄亦深感其痛苦"①。艰苦的环境促使金佛庄更加刻苦攻读,立志掌握科学知识以报效国家,慰藉家乡父老。1913年,入湖溪忠清书院(现为东阳市湖溪高级中学)读高小。1915年,考入东阳县立中学。这时的金佛庄以"科学救国"为理想和追求。我国著名科学家严济慈就是金佛庄的同班同学,两人同窗三载,关系深厚,毕业后还保持着真挚的同学情谊。严济慈在晚年回忆中学时光时说:"其他的事都记不清楚了,只有同金佛庄两个人,每次考试时都激烈争夺第一名这件事最有趣,至今念念不忘。"②

二、投笔从戎,追求理想

中学时代的金佛庄深知父母的艰辛,他们节衣缩食供自己读书,极为不易。因此,他刻苦学习,奋发图强,不敢有丝毫懈怠。然而,当时正值辛亥革命失败后,中国陷入北洋军阀黑暗统治之中,国家的情形每况愈下,真是糟糕得让人揪心。1915年5月9日,袁世凯为了博取日本帝国主义对他复辟帝制活动的支持,竟然宣布接受日本妄图灭亡中国的"二十一条"。这使性格刚直的金佛庄痛心疾首,他觉得书斋里培养不出救国的英雄、济民的好汉,于是拍案而起:"为国家人才乎!为世界人才乎!从军乎!眼见国家将亡,不应徒作书生,默默以终也。"③他萌生了从军以报国家的思想,开始抛弃"科学救国"的理想,表现出拳拳的赤子之心。当然,此时的他仍一如既往地刻苦读书,决定先完成学业,这也为他日后成为黄埔军中的文武全才奠定了坚实的基础。

1918年中学毕业后,金佛庄决心投笔从戎,通过考试被保定陆军军官学校录取,成为该校第八期步兵科军官候补生。等待入学的日子里,父母为他做主订了一门亲事,可当他听说未婚妻严瑞珍是个目不识丁的乡村姑娘时,坚决反对,还挥毫写下一篇题为《论婚姻问题》的文章送给父亲,主张婚姻自主,反对包办婚姻。父亲读罢气得举起旱烟筒打他,并告诫他:"你不要嫌她不识字,只要人品好,等你将来出去做了事,有了钱,难道不好培养她读书吗?"④听了父亲的话,他觉得也有道理,于是便遵从父命和严姑娘结了婚,婚后夫妻感情很好。不久,他真的就携新婚妻子同赴保定,并利用军校的生活津贴将妻子送去了当地的蚕桑学校,上识字扫盲班。

经过在保定一段时间的学习和观察,作为军官候补生的金佛庄,一方面目睹北洋军阀祸国殃民的统治和旧式军队的黑暗腐败,另一方面又看到军校内部旧军阀体制下的官兵不平等,军官欺压士兵现象时有发生。于是,他又对自己选择的"从军报国"之路产生了怀疑。

---

① 中共浙江省委党史资料征集研究委员会办公室,浙江省社会科学院历史研究所编:《不朽的战士——浙江革命英烈传》(第一集),浙江人民出版社,1986年,第7页。
② 李新勇著:《风向与信仰——金佛庄烈士传》,江苏凤凰文艺出版社,2017年,第5页。
③ 中共浙江省委党史资料征集研究委员会办公室,浙江省社会科学院历史研究所编:《不朽的战士——浙江革命英烈传》(第一集),浙江人民出版社,1986年,第8页。
④ 李新勇著:《风向与信仰——金佛庄烈士传》,江苏凤凰文艺出版社,2017年,第23页。

1919年爆发的五四运动,使他的思想经受了一次洗礼:"五四运动起,思想大变。厌恨军阀并自厌为军人之心甚切,企图改业。"①金佛庄寻思着另谋出路。这时,恰逢1920年直皖军阀开战,保定军校一度停办。借此机会,他把妻子送回家乡安顿,一路上又目睹了军阀混战给老百姓带来的苦难,残酷的现实再次教育了他:"倘若毕业后,只能委身于某一个野心家,不如及早打算,退而谋求其他。"②恰巧遇到厦门大学招生,金佛庄打定主意要退出保定军校,重拾"科学救国"的梦想,转而考取厦门大学。在那里他研究教育与文学,追求改造社会之心十分迫切,而其思想又很是浪漫,类似于无政府主义者。在厦门大学读书期间,他的思想比起在军校时可谓大为开放,这得益于在校期间对于各种新的学说和思潮都可以自由接触、探索。

当初决定来厦门大学求学的时候,金佛庄心底既存希望,又有迷惘。希望的是,这所1921年由新加坡华侨陈嘉庚创办的综合性大学,涵盖了师范(包括文理科)、商学、工学、新闻、法学、医学等科系,在这里他能学到经国济世的本领,能学到让民众吃饱穿暖的本事;迷惘的是,当下时局似乎越来越不可能让一个才华横溢的人施展抱负,因为社会上到处是不讲理,到处是不合理,到处是民怨沸腾,到处是民不聊生。作为厦门大学的第一届学生,金佛庄从未忘记开学那天,校长邓艺园在报告中所说的厦门大学的办学目的是"研究学术,培养人才,指导社会"。可是残酷的现实让金佛庄寝食难安,经常在夜深人静的时候枯坐难眠,怅然叹息。

在厦大读书期间,尽管金佛庄得以自由选择接触和探索各种新思潮、接受新学问,但在生活上却不得不依靠家庭供养。父母请求同村的亲戚邻里共设一个"银会",筹钱给他作学费,但仅支持了一年就难以为继。窘迫中,又听说保定军校重新复课,去军校能享受公费和生活津贴费,他只得"受家庭催促及朋友以'新军人'相敦劝,重回保定军校求学"③。另一方面,他也从残酷的现实中醒悟:"倘若空有腹中学问,但手中没有一兵一卒,自己顶多算风中的芦苇,芦苇再强壮,也扛不住厉风吹拂、苦雨敲打。"④因此,金佛庄决定重新开始军旅生涯。

1921年10月3日,金佛庄告别厦门大学,重返保定陆军军官学校求学。保定陆军军官学校"守信、守时、苦读、勤练、爱校、爱国"的校训,早已铭刻在金佛庄的心中。校场上的呐喊、靶场上的枪声……,每每想起这些,他便热血沸腾。在军校接受严格军事训练的同时,他仍坚持不懈地追求人生的价值和意义。

---

① 中共浙江省金华市委党史办公室编:《金华英烈》,浙江大学出版社,1992年,第13页。
② 中共浙江省委党校编著:《红色基因——浙江早期共产党人的初心》,党建读物出版社,2019年,第32页。
③ 中共浙江省委党史资料征集研究委员会办公室,浙江省社会科学院历史研究所编:《不朽的战士——浙江革命英烈传》(第一集),浙江人民出版社,1986年,第8页。
④ 中共浙江省委党校编著:《红色基因——浙江早期共产党人的初心》,党建读物出版社,2019年,第33页。

三、信仰马列，改造社会

中国共产党成立以后不久，马克思主义和许多西方思潮在中国传播开来。金佛庄和当时国内许多爱国分子一样，满腔热情，如饥似渴地学习、研究、吸收新思潮、新学说，探求救国救民的真理。他是一个具有独立思考能力的人，他接受马克思主义的过程就充分反映了一个知识分子的心路历程。他一回到保定军校，就挥笔写下以"手段与目的"为主题的《佛庄日录》，记载了自己比较、寻求人生真谛的探索过程。他在日记中写道，有位"事学者"曾告诉他："人之可贵者，在于思想，不有思想安有价值之人生。思想者实质也，体也。行为者形式也，用也。所谓人生，精言之，不外观念之积体。人生从事于概念之生活，即可挹人生之真粹，而谋所以促进之。"对这种把思想、观念当作人生根本与实质的唯心主义世界观，金佛庄持怀疑和否定态度。他说："余谢领其训。则因思及柏拉图之观念论，并及黑格尔之理智主义之哲学。夫宇宙系概念而组织、排置乎？康德统物质精神于悟性之上，所谓悟性系何物乎？康德所谓先天之形式者究有何义？"他认为："人生附物质而行，必然也。然物质者精神之束缚也。人生进行，一方解放物质之拘束，他方有建设物质以利我精神；卒之破坏不已，建设不已。""人生不有所为则已，欲有所为，赤裸裸而奋斗必不可免。"①这表明，这时的金佛庄已经初步接受了视物质为精神之基础，同时又承认物质生活和精神生活相互制约、相互促进的辩证唯物主义世界观。在这期间，他通过思考和学习，初步接受了辩证唯物主义世界观，开始信仰马克思主义。

金佛庄不仅是位品行兼优的学生，深受教官的赏识，而且为人处世得体大方、举止儒雅、言行端庄，也深受同学爱戴。在金佛庄思想发展的过程中，中共一大后出版的马克思主义方面的书籍起了决定性作用。那个时候，金佛庄密切关注着国内时局发展和社会进步思潮，也大量阅读诸如《共产党宣言》《经济学研究导言》《社会主义从空想到科学的发展》《社会主义史》等著作，还有如《一个士兵的故事》《工人的对话》《工会》《共产党人是什么样子的人》等许多宣传小册子，思想变化越来越大，开始树立起马克思主义的信仰。

在他留下的《佛庄日录》中，可以窥见他对人生真谛的探求过程和思想认识发展的过程。他在《佛庄日录》封页上提笔写下"手段与目的"的主题，就是希望通过不断学习，改变思想，提高认识，逐步走近自己追求的目标。因此，从这时候起，他"即从事研究社会政治等学，而尤信仰马克思主义"②。

1922年，金佛庄加入了中国社会主义青年团（中国共产主义青年团的前身），开始投身于中国早期的共产主义运动。多年的学习和经历使他认识到，在中国开展革命斗争必须要掌握兵权，有一支部队掌握在自己手中；同时还要跟志同道合者联合起来，形成一股不可小觑的力量，始终不抛弃自己的信仰，矢志不渝地沿着既定的目标探索、攀登、奋勇前进。为此，他从改造社会、救国救民的宗旨出发，联络校内40多名志同道合的同学，组织了"壬戌

---

① 李新勇著：《风向与信仰——金佛庄烈士传》，江苏凤凰文艺出版社，2017年，第34—35页。
② 中共浙江省金华市委党史办公室编：《金华英烈》，浙江大学出版社，1992年，第13页。

社",因为1922年是农历壬戌年,而这年暑假他们第八期步兵科学生即将毕业离校。他们准备通过这个组织,"罗致各省革命军人同志,以谋中国之革命"①。同时,金佛庄考虑到"壬戌社"成员将要毕业,"不久就要分散各处,不能聚首一堂互相亲口研究对付社会的方法了",便主张"不能不先有一个准备"。他设想了一个分成三个阶段、逐步掌握军事实力以改造中国的方案:"第一步是个人的方法,其历程自(初级军)官至中级军官。第二步是部分的方法,其历程自中级军官至据有势力之中坚人物。第三步是全体的方法,是中国改造的实现。"②他还一再地告诫这个团体里的同学们,如果将来真的掌握了一定的军事实权,决不能忘却和背叛革命的宗旨。尽管金佛庄自己也承认,这些方法总有不完备的地方,有的甚至是行不通的,但这充分显示出他已具有以夺取全国政权、推翻封建军阀旧势力、彻底改造整个中国社会为己任的精神,这是他向共产主义者转变时提出的改造中国的蓝图。

要在乱中取胜,必须能力过人。金佛庄早就为自己拟制了一份人生计划:"一是通过百倍的努力,迅速在军队中容身,成为军队骨干和优秀的指战员,以此作为实现人生追求的平台和基础。二是团结一切为使中华民族脱离苦难而努力的志同道合者,形成力量,以求改变现实。三是以共产主义作为追求目标,舍身为民,矢志为邦。"③

四、加入共产党,投身大革命

1922年7月,金佛庄以优异的成绩从保定军校第八期步兵科毕业,先在上海闸北淞沪护军使署当见习排长,旋即被分配到浙江陆军部队当见习军官,在浙军第二师陈仪部任排长。

1922年7月,中共二大以后,中共中央委托上海地委暂时代行区执行委员会的职权,上海地委即改建为中共上海地方兼区执行委员会(简称"上海地委兼区委")。其职权和管辖范围为领导与管理上海和江苏、浙江党的工作。上海地委兼区委直属中共中央领导,工作重点仍然是进行党的建设,扩大党组织和开展工人运动。8月,上海地委兼区委书记徐梅坤(后改名徐行之)到杭州开展建党工作。经过考察了解,金佛庄经由徐梅坤介绍从青年团员转为中国共产党党员。9月初的一个夜晚,杭州皮市巷3号内一个僻静的小小的院落里,两扇院门紧闭,房间里暗淡的灯光下,几位神情严肃的年轻人聚集在一起。上海地委兼区委书记徐梅坤宣布:中国共产党杭州小组成立。参加会议的有由李大钊从天津介绍来的杭州法政专门学校教师于树德,沪杭铁路闸口机修厂工人党员沈干城,还有一位就是一腔热血的青年军官金佛庄。此刻,他们倾听着上级党组织对党员和党的地方组织的工作要求,讨论杭州党小组的工作

---

① 中共浙江省委党史资料征集研究委员会办公室,浙江省社会科学院历史研究所编:《不朽的战士——浙江革命英烈传》(第一集),浙江人民出版社,1986年,第10页。
② 李新勇著:《风向与信仰——金佛庄烈士传》,江苏凤凰文艺出版社,2017年,第38页。
③ 中共浙江省委党校编著:《红色基因——浙江早期共产党人的初心》,党建读物出版社,2019年,第36页。

开展,全然不顾夏末初秋房间内外异常炽热的气浪。

中共杭州小组是中国共产党在浙江建立的第一个地方组织,金佛庄是最初的三名成员之一。在党组织领导下,他更加自觉地从事革命工作,宣传革命运动,还学会运用唯物主义观察一切。他积极参加中国社会主义青年团的活动,被编入青年团杭州地委第一支部,在青年团杭州地委所组织的进步青年团体——杭州青年协进会和《协进》半月刊工作,以"宣传主义,吸收同志,向外活动";他还接受杭州地方团组织安排,抽出时间,为公开发行的《浙民日报》负一部分编辑责任,利用这一公开的舆论阵地,传播革命思想。其间,他曾因同志间通信泄密,被反动当局拘捕入狱。后经党组织积极营救,加之蒋百里、殷汝骊等社会名流出面致函浙江督军卢永祥讲情说"中国 20 年来无此人才,公宜爱护之"①,金佛庄才得以获释,官复原职。

第一次工人运动高潮结束后,中国共产党认识到自身力量较弱,需要联合力量较强的革命势力,决定于1923年夏在广州举行第三次全国代表大会,主要讨论是否与国民党合作、怎样合作以及通过合作建立革命统一战线等问题。1923 年 6 月,中共第三次全国代表大会在广州召开,做出了以党内合作方式(即共产党员以个人身份加入国民党)与国民党建立革命统一战线的决定。金佛庄和于树德作为浙江的列席代表,与徐梅坤一起出席了会议。会议期间,金佛庄见到了党的主要领导人和共产国际代表,与周恩来、陈延年、包惠僧、李之龙、林伯渠等人多有接触。中共三大以后,杭州党组织召开党员会议,由中央执行委员会候补委员、上海地委兼区委书记徐梅坤传达了三大会议精神。会后,一批党团员执行党的决议,以个人名义,跨党加入了国民党。

由于金佛庄能文能武,确实是个难得的人才,在军中不久即升任连副,接着又被提升为营长。同时,他的才干也受到上级党组织的重视。在中共三大会议期间,中共江浙区委书记徐梅坤曾在毛泽东面前极力推荐过他,说他是个很好的人才,需要的时候马上可以调他出来。1923 年 8 月 5 日,毛泽东代表中共中央出席指导中共上海地委兼区委第六次会议,在讨论当时正在酝酿之中的江、浙军阀混战的军事问题时,决议"上海、杭州两方同时做反对战争运动,以'反对战争,武装民众'为口号,由国民运动委员会负责办理",并密令"金佛庄同志相机作反对战争之宣传,应随营上阵,不可失掉原有位置"②,以便尽力设法保存共产党人在军队中的实力,今后可为革命所用。

1924 年 1 月,国民党一大在广州召开,第一次国共合作正式形成。中国共产党积极协助孙中山创办黄埔军官学校,培养新型的革命军事干部。党组织决定派金佛庄到广州去,参加黄埔军校的创建工作。6 月 16 日,黄埔军校正式举行开学典礼;17 日,金佛庄被任命为军校第一期第三学生队上尉队长。在黄埔军校期间,金佛庄充分发挥自己掌握的丰富军事知识,一心一意训练革命的军事人才。平日除了军事教育外,他还热衷于政治工作及党务活动。他待人诚挚谦逊,做事扎实可靠,身先士卒,既做表率,又做导师,第三队被他治理得

---

① 中共浙江省金华市委党史办公室编:《金华英烈》,浙江大学出版社,1992 年,第 15 页。
② 中共浙江省委党史资料征集研究委员会办公室,浙江省社会科学院历史研究所编:《不朽的战士——浙江革命英烈传》(第一集),浙江人民出版社,1986 年,第 11 页。

井井有条、英才辈出,如后来大名鼎鼎的陈赓、曹渊、杜聿明、关麟征、郑洞国等皆出自该队。因此,金佛庄受到黄埔军校首任代表、国民党左派领袖廖仲恺的器重,在师生中颇有威信。7月6日,军校成立国民党特别党部时,他被推选为特别党部的5名执行委员之一。在黄埔军校,他还积极支持并参加了以共产党员、青年团员为骨干的中国青年军人联合会,并和这一革命军人组织的主要领导人蒋先云、周逸群、王一飞等一起,同军校内的国民党右派及其操纵的孙文主义学会进行了针锋相对的斗争。

在此期间,金佛庄还通过对旧式军队生活的观察了解,运用马克思主义历史唯物主义观点,进行了研究分析,撰写《军官的心理》一文,发表在1924年第2卷第1/2期的上海《新建设》杂志上。在这篇文章中,他从"军队组织、军队生活和时代潮流"三个方面,剖析了旧式军队内部腐朽黑暗的上下级关系和军官们"残忍、冷酷、好乱和诈伪"的心理,认为这样就使他们成为"内乱的主要分子"。绝大多数军官"昏醉于这种发财的梦中",而上级军官"径直是放纵生活",这批掌握着枪杆子的旧式军队的军官们"为所欲为,把中国闹得现在的田地"①。在揭露北洋军阀统辖的旧军队黑暗、腐败的现象和本质的基础上,他提出了彻底改造旧式军队和迅速建设新型革命军队的主张。

五、两次东征,功勋卓著

从1924年12月起,金佛庄先后任黄埔军校教导团第二团第三营营长、国民革命军第一军第一师第二团党代表和团长等职。为了巩固大革命时期的广东革命根据地,他率领以黄埔军校学员为骨干的革命军,参加了平定广州商团事变和滇桂军阀刘杨叛乱,以及讨伐广东军阀陈炯明的两次东征。"历次战役,冲锋陷阵,无不身先士卒。作战计划,尤为周密,盖金君智勇兼备,[不]特能决胜疆场,且能运筹帷幄也。"②第一次东征途中,金佛庄所在的教导二团奉命增援"棉湖大战",途中与敌遭遇,他奉命率第三营占领左翼高地,掩护全团侧翼安全。他判断敌人亦有可能抢占这块高地,即派第九连就近火速上山抢占高地,并率后续部队向高地运动。刚攀上高地,就与敌交战。在抵挡敌军轮番进攻的酣战中,金佛庄赶赴前沿,冒着枪林弹雨鼓舞士气,勇敢冲杀,指挥全营官兵打退了敌人无数次反扑,并乘黄昏时敌人疲惫之机,率队发起突然反击,将敌彻底击溃,为取得整个战役的胜利提供了有力保证。他所率领的第三营"勇敢善战,勋绩灿然",为教导二团获得了"党军荣誉"旗。回师广州,平定刘杨叛乱时,"第三营常为战线之中坚者",出色完成了强攻龙眼洞、观音山等战斗任务,受到上级嘉奖。因此,当国民革命军第一军成立时,他因战功卓著,被擢升为第一师第二团党代表,不久改任团长。廖仲恺被国民党右派密谋刺杀后,金佛庄又率部参加了坚决镇压反革命势力的行动,"解散梁张郑莫,拘留熊克武及第二次东征诸役,莫不参与"③。

1926年3月20日,蒋介石策划了"中山舰事件",篡夺了国民革命军第一军的领导权,

---

① 李新勇著:《风向与信仰——金佛庄烈士传》,江苏凤凰文艺出版社,2017年,第79—80页。
② 中共浙江省委党史资料征集研究委员会办公室,浙江省社会科学院历史研究所编:《不朽的战士——浙江革命英烈传》(第一集),浙江人民出版社,1986年,第12页。
③ 中共浙江省金华市委党史办公室编:《金华英烈》,浙江大学出版社,1992年,第18页。

强迫共产党员全部退出第一军。当时，正率领第二团驻扎在汕头前线的金佛庄也被解除兵权。第一军是国民革命军的王牌军，而第一师第一团团长郭俊、第二团团长金佛庄都是坚定的共产主义者，是在国民革命军中享有崇高威望的共产党员。但由于党内一些领导人及共产国际代表主张退让，蒋介石的阴谋轻易就得逞了。金佛庄回到黄埔军校，改任步兵第一团军事学总教官，兼改组委员长及法规编审委员长，负责编审黄埔军校的法规和制度。这时，郭俊也被解除职务，回到军校，担任术科总教官和法规编审委员。他们再次携起手来，为建立新型革命军队、制止新型军队内部滋长旧式军队恶习制定了一系列校规法规。

六、北伐战争，壮烈牺牲

蒋介石虽然排挤共产党员，但真正有才华的共产党员他还是想纳为己用的，他知道金佛庄是个身份公开的共产党员，却大为赞赏他的才华。蒋通过亲自与金交谈和多方面观察，认为"金佛庄有才有貌，能文能武；为人机智不失沉稳，聪慧而不失朴厚"，"不尚清谈而讲究实干，不耽安乐而勇于任险"①。蒋介石几次利用"浙江同乡"的关系拉拢他，暗示只要他脱离共产党，即予以重用。但是金佛庄革命信仰坚定，忠于共产主义事业，对蒋介石的拉拢毫不动心。

1926年7月，国民革命军总司令部建立，蒋介石重新对郭俊、金佛庄委以重任。郭俊担任第一军少将兵站监（第一军后勤部长），金佛庄为总司令部警卫团少将团长。北伐战争开始后，金佛庄在总司令部所起的作用非同一般，"总部出发湖南，兼临时指挥官，军进汉皋，留守长沙，遇事精勤，蒋中正倚之如左右手"②。同时，蒋介石也加紧了对金佛庄、郭俊的拉拢。金佛庄把蒋介石拉拢他们的情况向党中央如实汇报，中央指示他佯装被拉拢，以便秘密监视蒋介石。之后，金佛庄统率总司令部警卫团的精锐部队随总部机关行动，转战广东、湖南、江西等地，负责保卫总司令部指挥机关和苏联军事顾问团的安全。

同年秋，北伐中路的国民革命军第三军、第七军，在江西一线遭到孙传芳军阀部队3个主力军的强力阻击，北伐军攻占的省会南昌城又丢失了。江西战局呈现僵持状态。这时，蒋介石即以北伐军总司令的身份率增援部队从两湖战场转入江西"督师"。在进攻南昌外围的蛟桥、牛行车站战役中，由于第三军攻击正面太宽，兵力不足，蒋介石就把金佛庄的警卫团作为总预备队的一支突击主力，并把补充第四团的第二营也临时拨归金指挥，增援右翼作战。金佛庄率部队来到前线，指挥冲锋，身先士卒，以猛虎下山、锐不可当之势将敌军击退，并乘势冲过蛟桥，压迫敌之侧背，会同各友邻部队，齐向南昌城进发。

11月8日，北伐军再次攻克南昌，受到南昌人民的夹道欢迎。金佛庄的警卫团奉命警戒及维持城内秩序，金被任命为检查司令。他依据法律之规定，处理民众之怨诉，除暴安良，视民如子，得到南昌民众竭诚爱戴。民国时期浙江东阳县所修《东阳县志》如此评价金佛庄："南昌克复后，任检查司令，设司令部于贡院，更自策自励，接受民众怨诉，除暴安良，

---

① 杨海龄：《雨花台的黄埔英烈》，《档案与建设》2010年第11期。
② 李新勇著：《风向与信仰——金佛庄烈士传》，江苏凤凰文艺出版社，2017年，第112页。

视民如子,故当时南昌民众于官吏只知有金司令。"①时任国民革命军司令部秘书长的邵力子由此感叹道,金佛庄"非特长于军事抑且兼长政治者也"②。

北伐军占领南昌后,孙传芳的"五省联军"仍盘踞苏、浙、皖地区。北伐军急于早日占领南京,夺取江浙富庶地区,加紧策划对孙传芳部的分化瓦解工作。在商谈此事的北伐军总司令部首脑会议上,列席会议的金佛庄主动提出自己冒险潜入浙江、上海等地,利用以前在浙江陆军部队任职时熟识的上下级旧交关系,秘密策划浙军等部迅速起义,并打算趁此时机,向上海的中共党组织领导联系工作。他明知此去闯入虎穴,稍有泄露即遭杀身之祸,仍毅然表示:为了革命的胜利,虽赴汤蹈火,仍在所不辞!他的建议受到在场的参谋长白崇禧和他在保定军校的老同学们的赞赏和支持,认为此计可施。于是,蒋介石就给住在上海专门负责为黄埔军校招生和对敌军从事策反活动的国民党中央委员陈果夫写了一封密信,决定派金佛庄带领黄埔军校毕业生顾名世,秘密前往上海,进行策反工作。

1926年12月9日,金佛庄化装成上海洋行买办的模样,与顾名世一起从九江搭乘英商太古轮船,顺流东下。不料上船后行踪即被泄露。11日,船到南京下关码头,孙传芳驻南京的卫戍司令孟昭月和宪兵司令汪其昌已令下关戒严,并派稽查队上船搜查,当即将金佛庄和顾名世逮捕。上海的国、共两党组织和同志们闻悉此事后,震惊之余多方设法营救,未果。12日,金佛庄被秘密杀害于南京雨花台,年仅29岁。

金佛庄在南京被捕牺牲的消息经《申报》等披露后,很快传到广州、武汉、南昌等地的国民革命军阵营中,激起了强烈反响。12月21日,广州黄埔军校的《黄埔日刊》第二二〇号在头版以显著位置刊登报道:金佛庄等人"俱C·P(中共)同志,为国民革命而牺牲,死亦无所遗憾",并表示"吾辈后死……唯有更加努力,更加团结,继续先烈牺牲之精神,为先烈复仇,号召全国人民反对军阀与帝国主义勾结之白色恐怖,完成我国民革命工作!以慰先烈于地下也"③。广州、武汉等地军民也纷纷举哀,颂扬他"创造黄埔军校深资臂助""随军北伐功在党国""身殉主义壮烈可风"。蒋介石也以总司令的名义挽赠了"为国捐躯"四个字的描红金漆巨匾,国民政府还下发巨额抚恤金白洋两千元。他的遗骸,由其妻费尽周折找到并归葬故里。

1945年4月中共七大召开前夕,金佛庄的名字被载入中共中央组织部编印的《死难烈士英名录》。新中国成立后,金佛庄被追认为革命烈士,其家属予以颁发"革命牺牲军人家属光荣纪念证"。近年来,故乡的人民为金佛庄兴建了纪念馆,以纪念这位中国革命的先驱者和优秀的共产主义战士。

---

① 中共浙江省金华市委党史办公室编:《金华英烈》,浙江大学出版社,1992年,第19页。
② 董玉梅:《追忆中国共产党早期名将金佛庄》,《武汉文史资料》2000年第5期。
③ 中共浙江省委党史资料征集研究委员会办公室,浙江省社会科学院历史研究所编:《不朽的战士——浙江革命英烈传》(第一集),浙江人民出版社,1986年,第15页。

法庭战场　监狱熔炉
——徐英传略

徐英(1907—1930),曾用名徐瑚琏,又名紫衡,化名于凤鸣。生于1907年8月19日,武义县水碓后村人。1925年冬在宁波加入中国共产党。先后担任过中共宁波特支书记、中共宁波地委委员、武义县委书记、中共浙江省委常委、中共浙江省委书记等职务。1929年12月17日,在宁波不幸被捕。在狱中,他历经酷刑而坚贞不屈,没有丧失革命斗志,表现出了一个共产党员的铮铮铁骨;他把法庭当战场,监狱当熔炉,坚信"革命总有一天要胜利,活着就要为党工作",始终不忘共产党人的初心和使命。1930年8月27日,在杭州浙江陆军监狱刑场英勇就义,时年仅24岁。

一、出身贫苦,少年党员

徐英出身书香门第,太祖父徐永大是邑庠生,曾祖父徐鸾翔是国学生,祖父徐星懋,考名倬云,也读过书。父亲徐尔康也是庠生,生育二子二女:长子徐曰宾,早逝;次子即徐英;长女嫁塘里畈;次女嫁徐炳连。徐英5岁时父母双亡,由姐姐徐月琴和姐夫抚养。姐夫见他天资聪颖,就挑水卖苦力供他读书,尽管全家省吃俭用,徐英也只在村里的两川小学上了5年学。但他勤奋好学,练就了一手好字。徐英天不怕地不怕,村里人都叫他"徐大胆"。后来,13岁的徐英出外谋生。刚开始,他在古竹村的一家南货店当学徒。小小年纪的他,起早摸黑地干着成人的杂务活。由于长期的劳累和营养不良,他身材矮小,面黄肌瘦。徐英从小就很有怜悯心,常常帮助遇到困难的人。看到店中的长工常常吃不饱,忍饥挨饿地干活,他一有机会就暗地里从店中拿些糕点塞给长工们充饥。结果时间一长,就被店主发觉了,于是徐英被迫离开了这家南货店,没有满师就拖着病体回家了。次年,身体状况稍微好转的他,又经姐姐央人求情,到桐琴一家染布店当杂工。不久,由舅舅介绍,他又到武义城里新兴染布店当杂工。

徐英从小就在社会底层艰难生活,历经人间沧桑辛酸,倍感穷苦人家的不易。然而,他决不认命,不甘心就这样生活下去。1925年,18岁的他又告别亲人,远离家乡,只身来到杭州、宁波等地寻找工作。后来几经周折,经一位远房姑父介绍,他终于进入宁波美球针织厂,当了一名工人。

当时,宁波是浙江最早开放的通商口岸。20年代,这里已有一批新兴工厂和一批产业工人队伍。美球针织厂规模不大,还不到200名工人,设备也比较简陋,而资本家对工人的剥削却很重,工人工资低、待遇差。徐英发现工人和农民都生活在社会的底层,是一样的穷苦人。他内心充满了矛盾和不平,立志要解救天下这些受苦受难的人。

1925年5月,上海爆发了一场声势浩大的五卅反帝爱国运动。当时,徐英正和一批新工人在上海福华丝边厂培训。看到了帝国主义的横行霸道,又看到了工人阶级在斗争中显现出团结战斗的强大力量,他备受鼓舞。回到宁波后,他发动和组织全厂工人成立了工会。在厂里,徐英不但技术熟练,而且性格豪爽、乐于助人,威信很高。正是这样,他被选为第一任工会主席。在他的领导下,全厂工人与资本家展开斗争,要求增加工资,实行八小时工作制。最后,厂方被迫妥协,接受工人们的正当要求,工人的生活福利逐步改善。徐英非常重视工人的知识文化教育,想借此提高工人们的素质和觉悟,以便进一步开展革命斗争。于是,他以工会名义,成立了"工人之家",办起了工人识字班,结果培养了一批工人骨干。他和同厂拉纱车间的女工许兰在斗争中志同道合,逐渐产生了爱情。

1925年冬,中共宁波地方委员会成立。为了加强对工人运动的领导,宁波地方党组织非常重视在工人队伍中发展党员。也正是此时,由于自己出色的表现,年仅18岁的徐英经由中共宁波地方委员会的组织部主任王小曼(即王家谟)介绍,加入中国共产党。入党之后,徐英积极开展党组织工作,又发展了许兰和其他几个工人加入了党组织,党的队伍不断壮大。1926年2月,中共美球针织厂支部成立,徐英被推选为支部书记,同时他还担任了中共宁波地委交通联络员的工作,承担起更大的责任。

二、组织工运,坚持斗争

当时,徐英是宁波工人运动的领导人之一。宁波市总工会成立后,他又协助市总工会委员长王鲲开展工作,在江东修船厂、通利源榨油厂等几个较大的工厂发动和组织工人。王鲲因工作较忙,就把南门和西门一带工厂的工会工作全部交给徐英负责。这个时候,北伐战争正在轰轰烈烈地进行。为了迎接北伐军的到来,徐英筹建了宁波工人纠察队,以便配合北伐军进军宁波。许兰则由地委分配去筹办市中心区工会联合会,随后又担任此联合工会的副主席。徐英和许兰结为夫妇,他们一边做工,一边积极参加革命活动。

1926年10月中旬,北伐军挺进浙江,徐英协助王鲲加强工会的组织建设,制定了《优待工人条例》,鼓舞工人斗志。全市先后成立了80多个基层工会,会员增加到80 000余人,影响不断扩大。徐英和王鲲一样,深受工人拥护,成为宁波工人运动的领袖之一。

宁波是蒋介石的老家,蒋介石在发动"四一二"反革命政变之前,就派了心腹王俊到宁波担任宁台温防守司令。王俊勾结豪绅恶霸,收买流氓打手,先寻衅闹事,放火烧了市总工会,继而又以《民国日报》载文攻击蒋介石为借口,扣留了报社社长庄禹梅(国民党左派)、中共宁波地委委员杨眉山(国民党宁波市党部负责人),总工会委员长王鲲前去交涉,也被王俊扣留。1927年4月9日,王俊秉承蒋介石命令正式宣布戒严,发动"清党"。主张国共合作的国民党宁波市党部以及共产党领导的市总工会、农民协会等革命群众团体,全被王俊派出的军警占领、查封,许多革命人士被扣留拷打,参加抗议示威的游行队伍也遭到反动军警的武装镇压。宁波笼罩在一片白色恐怖之中,党组织不得不由公开转入地下活动。形势的急剧变化,使革命队伍中的某些人惊慌失措,有的甚至逃之夭夭。在这关键时刻,徐英和许兰毫不动摇,徐英担任地委机要联络员,许兰负责经管地委的机密档案。他俩的住处,成了地下党的秘密机关。

6月22日,蒋介石又派"清党"要员杨虎、陈群从上海来宁波"清党"。当天下午,杨眉山和王鲲惨遭杀害。不久,胡焦琴等四位党员也被杀害。在阴云密布的日子里,徐英一刻也没有停止工作,改名为瑚琏,经常化装成各种不同身份的人,巧妙地避开国民党便衣密探,四处了解情况,进行秘密联络。他还通过永耀电力公司的党员和革命群众,利用外出检查线路的机会,暗中传递情报、散发传单、张贴标语,开通了一条秘密的地下联络线,在敌人眼皮底下进行着无声的战斗。

国民党反动当局也嗅出了宁波的共产党还在继续活动,而且已知道王小曼(王家谟)和徐瑚琏(徐英)是两个不好对付的对手,所以贴出了"生擒王小猫(王小曼),活捉徐狐狸(徐瑚琏)"的反革命标语。美球针织厂的老板出来告发徐英在厂里组织工会"闹事",结果,徐英被国民党反动当局逮捕。徐英在监狱里坚贞不屈,面对敌人的审讯和严刑,他一个字也没有吐露真情。厂里的工人听到徐英被捕,义愤填膺,纷纷向老板交涉、抗议,提出"若不释放徐英,我们就都不上工"。老板唯恐事态扩大,只得答应保释徐英出狱。

徐英被保释后,根据组织决定从宁波城里转移到郊区隐蔽。1927年夏天,根据省委意见,为了保存革命力量,决定把宁波一些暴露的同志调离。这样,徐英、许兰和王家谟等同志一起到了杭州,继续从事党的地下活动。在杭州,他介绍之江大学的学生倪云腾加入了共产党。

三、任职家乡,武装暴动

1927年11月,根据省委的决定,徐英回到家乡武义县,担任临时县委书记。当时武义县委的主要负责人遭到国民党的通缉,隐蔽到外地,党的组织活动停顿。回到武义后,徐英先调查分析了情况,然后秘密和失去联系的党员接上关系,把党组织重新恢复起来,将原来的临时县委组建为县委,并任县委书记。同时,召集了邵李清、倪云腾等同志在下王宅王树平家开了一次秘密会议,传达了省委指示精神,推举邵李清为县委书记,倪云腾为团县委书记。会上确定了县委当时的任务:积极开展宣传工作;恢复和发展党团组织;组织农民协会和筹建农军(后称"工农红军");规定了秘密活动的地点和联络暗号,县委的联络代号为"壶峰",团县委的联络代号为"青峰"。

1928年8月,浙西特委派邵薄慈来武义检查贯彻党的"八七"会议精神,徐英协助县委在金畈村召开扩大会议。徐英在会上分析了革命形势,就整顿发展党的组织、加强农运领导提出了意见。他派地下党员蒋卓南打进县农会去当主任,利用农会来开展工作。会议根据他的意见,决定在武义成立东、西、南、北四个党的区委,分头从事农运和筹建农军工作。9月13日,永康、武义两县党组织的领导人在桐琴召开联席会议,决定于10月10日晚上,两县联合发动农民武装暴动。10月初,县委又在白溪的新殿湾召开干部会,制定《暴动计划方案》。但由于敌强我弱,暴动很快失败了。

暴动失败后,省防军派出一个团来武义配合县自卫队,到处搜捕我党同志和革命人士。徐英就指派倪云腾调查暴动造成的伤亡人数和被捕同志的家庭状况,及时做好难友家属的善后救济工作。为了有力打击敌人的嚣张气焰,替同志们报仇,徐英和邵李清等战友们一起商量,派人惩治了抓人凶手林金良。不久,倪云腾也遭逮捕,被关押在县城看守所。徐英托自己的姐姐前去探监,带去一碗干菜肉和五块银元,并转告他说:"要坚强些,母亲时时在挂念着你!"鼓励他坚定信念,坚持斗争。

四、堪当大任,英勇就义

1928年11月底,省委将徐英调回杭州,任省委常委,负责职工运动。1929年1月16日,在中共中央代表彭湃同志的主持下,召开了中共浙江省委扩大会议,改组了省委,工人出身的徐英被推选为省委书记。

这一时期,杭州及各地的白色恐怖愈加严重,不少党员被捕,党组织遭到破坏。由于有人叛变投敌,中共浙江省委机关也受到严重威胁。于是,省委决定派委员们分头到各地巡视,以便直接指导各地工作。徐英先后到嘉兴、浙西一带检查和指导工作。1929年4月,党中央在上海召开浙江省委及各重要地区的负责人会议,17日作出《浙江问题决议案》,决定暂时撤销浙江省委,另行建立杭州、宁波、湖州、台州、温州和兰溪六个中心县委(或特支),直属党中央领导,并决定由徐英负责巡视浙东、浙南一带党的工作。5月,徐英来到宁波,再次领导宁波地区的革命斗争。

5月下旬,党中央巡视员卓兰芳也来到宁波与徐英一起开展党组织的恢复和发展工作。徐英化名于凤鸣,与卓兰芳保持单线联系,先后和一批失去联系的共产党员接上了关系。8月,经过两个月隐蔽而紧张的准备工作,中共宁波特支终于成立,徐英以中央巡视员的身份兼任书记。

鉴于宁波城区白色恐怖严重,特支成员难于集体活动,在执委之间实行单线联系传递信息。徐英不顾个人安危，仍住在城里特支机关里。因当时经济十分困难，特支机关只在君子道三街4号楼上租了一间房子。但由于徐英有丰富的地下斗争经验，安排巧妙、方法得当，各项工作进展较为顺利，党组织迅速恢复发展。到了10月底，宁波特支已在镇海、鄞县、慈溪、奉化、象山等地建立起6个党支部，有党员30多名。

7至8月，徐英作为中央巡视员还前往台州、天台、温州等地对党的工作进行检查和指导，并将当地党组织恢复和活动的情况及时报告给中央。他参加了台州地区党的活动分子会议，会上成立了中共台州中心县委。

正当徐英领导宁波党组织努力开展工作之际，国民党当局对地下党组织加强了破坏和搜捕活动，特支机关最终被特务发现。12月17日凌晨，徐英在君子道三街4号楼上被捕，押解杭州。当时上海《时报》在头版登出了消息："宁波捕获共产党重要分子工人徐英。"

敌人从查获的党的文件和名册中，得知徐英曾任省委书记和宁波特支书记等重要职务，便动用各种酷刑，企图从徐英嘴里得到党的秘密和党员名单。徐英顽强不屈，不吐一字。1930年4月28日，国民党浙江高等法院判处徐英死刑，把他关在浙江陆军监狱内。

徐英是坚强的共产党人，他从被捕之时就下决心，只要活着一天，就要坚持斗争一天，绝不放弃自己斗争的权利。他利用"放风"机会，很快与狱中的党组织成员裘古怀等取得了联系，领导狱中的斗争活动。他提出"法庭是战场，监狱是熔炉"，给难友们指明了斗争的方向。他用暗号建立起狱中的联络网，把上级党组织称为"外祖母"，把狱中的党组织称为"母亲"，号召难友们不能丧失意志，在特殊环境中坚持革命，用各种方式提高政治思想觉悟和保持身体健康。

1930年5至6月间，狱中党组织接到"外祖母"的指示，要组织越狱。徐英和难友们除了做好思想上、物质上的一些准备以外，还在看守监狱的卫队士兵中做了深入的"策反"工作，以接应狱外的党组织，夺取越狱斗争的胜利。后因这支卫队在预定越狱日期的前三天被调防了，致使越狱的计划未能实现。

1930年7月，工农红军攻打长沙，各地农民暴动风起云涌，国民党反动派准备屠杀监狱里的政治犯进行报复。8月27日，敌人将徐英、裘古怀等19位同志杀害于陆军监狱操场上。

新中国成立后，宁波人民为了纪念这位工人出身的24岁省委书记和宁波特支书记，在出版的《宁波革命史迹画册》中专门刊印出徐英烈士的事迹和照片。武义县人民政府在风景如画的壶山脚下，修建了一座高大雄伟的烈士纪念碑，纪念徐英以及其他为革命献身的英烈！他的家乡武义县熟溪街道水碓后村一直保存着徐英故居，还修建了徐英烈士墓，并从2002年起将原来的徐氏宗祠"复始堂"进行改建，2004年4月30日占地近1000多平方米的徐英烈士纪念馆建成开馆，徐英24年的生命历程在这里通过展板和实物得以还原。如今，徐英纪念馆已经成为浙江省党史教育基地、金华市爱国主义教育基地、武义县廉政文化教育基地。

参加革命　不盼长命
——潘漠华传略

潘漠华(1902—1934)，浙江武义人，又名恺尧，学名潘训，湖畔诗人，左联作家，编辑家，早期中共党组织领导人，革命烈士。1920年考入浙江省立第一师范学校，后发起成立文学团体"晨光社""湖畔诗社"。1925年加入中国共产党。1927年参加北伐，后回到杭州从事地下工作。1930年加入中国左翼作家联盟(简称"左联")，后参与筹建北方左翼作家联盟(简称"北方左联")，三次担任"北方左联"的党团书记指导宣传工作。曾任中共天津市常委兼宣传部部长。1933年12月第四次被捕，于1934年12月被暴徒用开水灌烫的方式杀害，年仅32岁。

一、喜爱新文学，关心劳苦大众

潘漠华是浙江省丽水市宣平县(今金华市武义县)上坦村人，家中有兄弟姐妹共七人，潘漠华排行第五。他家是个书香家庭，祖父与父亲都是秀才。原先他家在村子里经营酒坊、货店、小型染坊、药铺等小生意，但因父亲不善经营，家业开始衰败，日子也日渐艰难，甚至后来他到杭州求学的学费也需要四处筹借。

1907年3月，潘漠华就读于祖父创建的家塾蒙馆。他自小善于思考，很有主见，1910年因为质疑老师死读书的教学方法而被退学。当时的老师做派守旧,只要求学生死记硬背,潘漠华却要求老师对所学文章进行讲解。辛亥革命那年,潘漠华到祖父与族人在本村倡建的觉民初级小学堂学习。在此期间,他非常喜欢听祖父讲《水浒》和太平天国故事,在阅读翻译过来的《黑奴吁天录》①时,也受到极大震动。这些文学作品富有反抗精神,对潘漠华有着积极影响,勇于抗争的革命火种就此开始在他幼小的心灵里生根发芽。

1914年,潘漠华转入务本小学堂(即宣平县立高等小学校)读书。次年,潘漠华以优异成绩毕业,后考入宣平县立师范讲习所继续接受师范教育。1917年,潘漠华从宣平县立师范讲习所顺利毕业,按照父母的希望回到本村觉民小学任教,以便减轻家里的经济负担。那时,他的二哥考入了浙江省立第一师范学校(简称"浙一师")。因此在小学任教的潘漠华能够常常收到二哥从杭州寄回的新思潮报刊,杭州的新思潮也极大地影响着潘漠华及其师友,使他们心生向往。

通过努力,1920年秋潘漠华终于考入了浙一师继续求学。当时的浙一师是南方新文化运动的革命阵地,自幼喜爱文学的潘漠华在这里如鱼得水,遇到了许多志同道合的朋友,尤其是汪静之、冯雪峰等人。受新文化运动的熏陶,潘漠华开始尝试用白话文创作新诗,并在《诗》刊上发表了十几首白话诗,其中著名的有《立在街头吹箫的浪子》和《游子》。1921年10月,他和同学汪静之、赵平复(柔石)、魏金枝等组建了杭州第一个新文学团体"晨光社",还聘请朱自清、叶圣陶、刘延陵三位老师当顾问。《新浙江报》的"晨光"副刊成了该新文学团体的阵地,经常发表他们抒发青春激情的新文学作品,对当时的杭州文学界有相当大的影响。这一年,意气风发的潘漠华写了30余首新诗,其中影响较大的有《春歌》《晨光》《小诗两首》等。

1922年4月初,浙一师的潘漠华、汪静之、冯雪峰与青年诗人应修人相聚于杭州的西子湖畔。他们泛舟游玩畅谈新诗,交流自己的作品与创作心得。志趣相投的他们成立了著名的"湖畔诗社",后人更是用"湖畔诗人"称呼他们。该诗社相继出版了白话诗集《湖畔》和《春的歌集》,分别收录了潘漠华的16首白话诗和52首新诗。他们的诗集不仅得到过鲁迅的赞赏,也曾引起过毛泽东的注意。北京大学教授、文学史家王瑶先生,在《中国新文学史稿》中也肯定了"湖畔诗社"在中国新文学史上的地位,认为这些青年被五四的革命浪潮唤醒,所作新诗反映了对封建社会的反抗。

潘漠华在虚5岁那年曾不慎坠井,后被家里的工人救上来,这让他开始关心工人的生活。过了几年,当他得知该工人因为爱上他的小姨而被解雇时非常生气,甚至砸了贞节牌坊,认为相爱的人不应该受制于阶级地位的差异而被分开。早慧的潘漠华对底层工人是富有同情心的,没有歧视和门户之见。

到浙一师读书后,他开始大量阅读揭露社会重大问题的译作,如《玩偶之家》《大雷雨》《巡按》等。这些书籍使其思想不断成熟,他开始创作与底层劳动人民有关的文学作品。比如,他在浙一师读书时就创作了新文学小说《乡心》和《人间》,都真实描写了旧中国社会下

---

① 《汤姆叔叔的小屋》的另一名称,该书在19世纪成为仅次于《圣经》的畅销书,被认为对美国废除黑人奴隶制度运动起到了积极作用。

层普通劳动者的悲惨境遇与无奈。

《乡心》是潘漠华最早创作的小说,开始创作于1920年,完成于1922年,7月10日发表于商务印书馆《小说月报》第13卷第7期。该小说主要描写了农民阿贵离乡背井后的各种生活遭遇。小说的原型阿贵是他少年时代的朋友,是个有手艺的木匠,为了躲避家里的欠债,带着妻子离开家乡到杭州奋斗打拼,努力工作却最终仍无处安身。该小说反映了辛亥革命后许多破产的农民和手工业者在生活中的无奈与痛苦。

1923年8月10日,《人间》发表于《小说月报》第14卷第8期(后又被编入《雨点集》),主要描写了山区人民在饥饿与死亡线上挣扎求生的悲惨生活。此次小说创作之前,潘漠华寒假回家参加了当地的放赈救灾工作,目睹了许多山区农民食不果腹的困苦生活。为了让大众对这些山区农民的生活有具体的了解,潘漠华创作了写实风格的乡村小说《人间》。这部小说的语言细腻而朴素,成为五四运动之后短篇小说中的杰出作品。

在开始创作《人间》这部小说时,潘漠华的家境已发生了大变化。他的父亲自1921年去世后给家里留下了一大堆债务,他的学费主要靠母亲四处借筹和长辈资助才勉强凑齐。潘漠华自己生活境遇的变化,使其更能切身体会劳苦大众生活的不易。家乡山区底层劳动者的生活惨状,让潘漠华觉得自己之前对生活的不满是不值一提的,宽衣足食的人更是没有办法体会底层民众每天在绝境中求生的痛苦。这些转变为潘漠华后来走向革命道路,用自己的文学才华宣传革命思想和鼓动劳苦大众进行反抗斗争奠定了基础。

二、加入党组织,矢志干革命

1924年8月,潘漠华考入北京大学一院(文学院)预科,后升入一院外国文学系学习。在这里,他努力赶学英文,广泛而深入地钻研中外文学,热情而专注地探求新文学。

受陈独秀、李大钊等早期马克思主义者的影响,那时的北大是中国传播马克思主义和民主进步思想的重要场所。在北大的读书经历使得潘漠华有机会大量地阅读、研究马列主义理论著作,进而坚定了共产主义信仰。对于学生运动,潘漠华是积极的拥护者和参与者。1925年,上海发生五卅惨案后,他参加了罢课、集会和游行等活动进行抗议。同年,他在北京加入了中国共产党①。此时的他,站到了革命斗争的最前列,之后的文学创作也主要服务于革命斗争的需要,纯文学作品开始大量减少。同时,他开始翻译俄国作家的长篇小说《沙宁》,这为他后来批判小资产阶级知识分子的个人主义奠定了基础。1926年,"三一八"惨案发生后,他除了参加集会和游行,还在报纸上发表文章批判帝国主义的侵略行径和段祺瑞政府的卖国行为。

1927年初,当大革命的浪潮由南向北不断推进时,潘漠华毅然停止北大学业转而专心干革命。他听从党组织的安排,南下武汉,担任北伐先遣军第三十六军第二师的政治部宣传干事和组织科长等职。该部队一直沿着京汉铁路北上。身为军人的潘漠华虽然任务繁

---

① 关于潘漠华的具体入党时间有多种说法,这里主要采用王文政所著的《潘漠华年谱》中的提法,认定为1925年。具体参见王文政著:《潘漠华年谱》,浙江工商大学出版社,2015年,第87页。

重,但仍然每天写行军日记和针砭时弊的小品文。对于危险,他是机敏的。有一次,他建议大军不过桥而选择涉水过河,避免暴露目标。结果他的建议使得该部队避免了敌人炸桥时可能发生的一次大伤亡,行军也得以顺利进行。在北伐军中,他给官兵的印象是辛劳踏实。除了宣传工作,他还组织政工人员到一线战斗。

上海发生"四一二"反革命政变后,潘漠华所在部队不再北上,选择返回武汉。其间,他参与主持欢迎由上海转移到武汉的浙江籍革命同志的欢迎会,还亲自到汉口邀请当时《民国日报》的总编辑沈雁冰到欢迎会上发表讲话,声讨并谴责蒋介石背叛革命的罪行。

三、腥风血雨中,从来不退缩

1927年7月15日,汪精卫也在武汉公开叛变革命,这使得革命形势日益紧迫,潘漠华愤然离开北伐军,经上海秘密潜回杭州。此时,杭州正处在腥风血雨中,共产党人和革命人士一批批被捕关押,甚至有不少人倒在了血泊之中,党组织遭受严重破坏。在这危急关头,潘漠华不仅没有退缩,反而迅速与组织取得联系,积极参加由中共浙江省委领导的地下秘密工作。当时,他的家乡宣平尚未建立党组织,潘漠华和马东林一起介绍了刚从杭州宗文中学毕业的同乡曾志达入党,并向省委建议,指派曾志达同志到宣平组建党组织,而宣平地下党的通信联络工作则推荐由中共党员潘振武负责。在曾志达和潘振武的努力下,中共宣平独立党支部于1927年10月建立。

11月,中共在杭州的浙江省委机关遭到严重破坏,潘漠华在杭州不幸被捕。这是他第一次被捕,被关押在柴木巷拘留所。他的亲属和同学四处奔走相救。幸运的是,他在浙一师时的老师许宝驹和马叙伦当时正在浙江省政府工作,他们出面保释了潘漠华,让他很快得到释放。为了保护潘漠华,党组织改派他回到宣平上坦村继续组织党的革命活动。后来,宣平的党内同志也有人被捕,潘漠华只好到偏僻的冷泉岩(山洞)暂避。

潘漠华以养病名义居于冷泉岩,虽有暴露的危险,但他仍继续基层的党建工作,对曾志达等同志进行指导。他以县委党组织名义,召开了活动分子会议,商讨内容有:在农村广泛建立农民协会,开展"二五"减租斗争;在县城组织工会、举办读书会、开办平民夜校。他从不放弃培养入党积极分子、发展新党员。不久,潘漠华又回到上坦,在上坦、上陶一带发展党员,建立党支部。经过短短几个月的活动,潘漠华就介绍了十多名农民入党,建立了上坦、上陶党支部。由于潘漠华早期的宣传组织工作做得好,这一带在后来成为宣平县党组织发展最快、农民协会成立最早的地区之一。

1928年春夏之交,潘漠华被迫离开宣平,转辗于上海、厦门等地,以教学为掩护,继续从事地下活动。尽管四处漂泊、工作艰辛,他始终与中共宣平县委领导人保持联系,关心着家乡的革命斗争工作。同年冬,宣平县农村以减租减息和反霸斗争为中心的农民运动得到蓬勃发展,党组织甚至在当地发动了农民武装暴动。

1929年初,宣平县农民武装暴动遭到国民党省防军的大肆镇压,当时全县被捕者达100多人。曾志达、吴谦等县委、区委领导人被悬赏通缉,后来有十余人逃往上海寻求潘漠华的帮助。当时的潘漠华隐蔽在上海,通过从事中学教学活动隐藏身份继续党的地下活动。为了帮助前来求助的党员,他通过关系在法租界租了一间房子,隐蔽安顿了前来求助的曾志达等人,还把自己夜以继日翻译整理的长篇小说《沙宁》的译稿及其版权一起卖给了光华书局,所得的八百多银元稿费和版权费全部用作曾志达等人的生活费。当中共中央巡视员、前浙江省委书记卓兰芳到上海时,潘漠华指导曾志达等人撰写了《浙江宣平党务报告》,亲自陪同他们向卓兰芳当面汇报宣平党组织和农民运动的情况。对待革命同志,潘漠华是热情而真挚的,他让曾志达等人在危急关头坚定信念、增强勇气。后来,这些同志也大多返回宣平,让家乡的革命烈火得以重新点燃,其中一些人甚至为革命献出了宝贵的生命。

四、辗转去北方,誓死志不移

1929年9月,上海的白色恐怖日渐严重,敌探频繁活动使得革命危机四伏。潘漠华在上海的革命活动也受到严重威胁,这使得他被迫离开上海,化名潘模和到厦门集美中学教书。1930年2月,他又悄悄回到上海,加入新成立的中国自由运动大同盟(简称"自由大同盟"),后又成为中国左翼作家联盟(简称"左联")的成员。当他在上海、浙江等地的身份被更多的人知道后,他开始转战北方,以教书的职业为掩护不停地变换工作地点,主要往返于北京、开封、沧州等地,所到之处都留下了他战斗的足迹。

1930年4月,他化名田言到开封第一初级中学教书,展开了一系列革命宣传活动。他通过学校学生会组织学生举办读书会和壁报组;指导师生阅读《共产党宣言》等马列著作和其他进步书籍;帮助进步学生创办反响巨大的刊物《火信》;介绍师生参加"反帝大同盟",发展左翼进步团体和党团组织。当一名进步学生被学校无故开除时,潘漠华发动学生会干部进行罢课斗争。很快,他因组织各种革命活动遭到当地国民党当局的通缉。

1930年夏,潘漠华被迫离开开封前往北京,先后隐蔽在翊教女中、香山慈幼院。在北京,他仍以教职为掩护,秘密从事"北方左联"的筹建工作。在此期间,他全身心地投入到"北方左联"的筹建工作中。在大家的努力下,"北方左联"于1930年9月成立,潘漠华任执行委员、常委,负责起草该组织的《理论纲领》《行动纲领》《成立宣言》。出于工作需要,"北方左联"成立大会的新闻直到1931年1月1日才在《转换》第2期上刊出。"北方左联"先后出过许多机关刊物,如《世界文化》《北斗》《十字街头》《前哨》等,但都在出版几期后被禁。这些刊物主要发表宣传进步思想的文章,如反对帝国主义、同情并要求改变劳苦大众的艰难生活等。

1931年春,潘漠华转移到国立北平大学女子文理学院担任讲师。从该年春天到9月,他一直担任"北方左联"的党团书记。在此期间,他还参加了许多党文化战线外围的活动,如"北平社联""北平教联"和"反帝大同盟"等。同年8月,他因参加"飞行集会"第二次被逮捕,遭受了残酷的刑讯。尽管被折磨得死去活来,但他不仅没有背叛党,还不停地鼓励一起被捕的同志,决不向敌人投降。最后,因为没有明确的证据,潘漠华得以释放。

1931年九一八事变以后,他又化名潘模和,只身前往河北沧州的河北省立二中任教直到年底。根据党的指示,他在学校继续组织各种革命活动。他组织了演讲会,办起了宣传抗日的"一四壁报"和《大众反日报》。他为《大众反日报》亲自撰写的发刊词《怒吼吧,中国!》在校内外广为印发,反响强烈。《大众反日报》的主要目的是揭露国民党消极抗日和假抗日的卑劣行径,形式多样,有谜语、诗歌、论文、漫画、快板等,深受当地进步青年学生和群众的欢迎。此外,他还发动师生开展罢课、游行示威、张贴标语、下乡宣传等多种形式的抗日救亡活动。他领导组织的这些斗争,为党培养了一批优秀革命分子。如发展了杨钦、陈绍唐、陈玉玑、王濯臣等青年学生党员;组建学生党组织,让杨钦任党支部书记;吸收年龄较小的李鼎声、刘树功、刘义松三人为共青团员;成立团支部,让李鼎声任团支部书记。除了指导建立学生的党团支部,他还积极组织与"左联""反帝大同盟""抗日救国会"等党的外围组织有关的活动。在这些革命活动中,他不怕劳累,不畏风险,身先士卒。潘漠华组织领导的革命活动受到爱国人士和进步群众的拥护,但也引起了学校和国民党政府的密切注意。仅任教半年时间,潘漠华就被校长解聘,他被迫再次返回北京从事"北方左联"的活动。

1932年2月,潘漠华奉命组建"北方文化总同盟",该组织于同年5月成立,后来为党培养了一大批有志向的青年,其中一些人更是成了新中国成立后的领导力量。此时,他以中国大学经济系讲师的身份作掩护。

1932年5月,"国际联盟调查团"到中国东北调查日本是否有侵略中国的行为。在调查期间,潘漠华等人在北京多次举行集会讲演,揭露该组织袒护日本侵略行径、诬蔑中国人民的抗日救亡运动的真面目。在这一年的五卅纪念游行示威活动中,潘漠华走在了示威队伍的最前面,大声疾呼"打倒日本帝国主义!""拥护抗日军!""拥护苏维埃!""帝国主义从中国滚出去!"等口号。示威队伍到达王府井大街的南口时,日本兵被逼得开枪威胁。但是,示威队伍在潘漠华的带领下高喊口号、毫不退缩,把日本兵吓得趴在地上连头也不敢抬。

1932年12月,由于"革命互济会"中出现叛变的党员,地下党的安全受到严重威胁,潘漠华被秘密调往天津就任中共天津市委宣传部部长。他工作十分忙碌,频繁奔波于北京和天津两地。他既要从事天津地下党的工作,又要开展"北方左联"的革命活动,还要担任中国大学讲师讲授《社会发展史》。革命的激情使得潘漠华不知疲倦,一直忘我工作。

12月的一天,潘漠华前往中国大学经济系主任马哲民家中商谈工作,却与侯外庐、许德珩、马哲民等一起被捕。为了隐匿自己的真实身份,斗争经验丰富的他在看守所机智地大喊:"你们混蛋,我是来找系主任商量功课的,怎么把我也逮进来了!"这话马哲民听懂了,口供也互相对上了。最后,由于没有证据,潘漠华的第三次被捕也化险为夷,他被无罪释放出狱。

1933年春天,潘漠华调回北京重新担任"北方左联"的党团书记。在鲁迅等人的支持下,他于4月参与编辑文学月刊《文学杂志》的创刊号,后来该杂志于同年7月被禁。同时,应党和文化界广大群众的要求,"北方左联"通过"北方文总",与"革命互济会""反帝大同盟"等组织,共同发起了近两千人的为纪念李大钊去世七周年举行的公葬活动。潘漠华沿途一面抵抗国民党宪兵部队的暴徒,一面高呼口号,散发传单,控诉国民党反动派的罪行。

1933年5月,在中国共产党的影响和协助下,冯玉祥在张家口成立了察哈尔民众抗日同盟军,准备武装抗日和收复失地。6月,潘漠华听从党组织的安排,奔赴张家口参加抗日同盟军,担任该军机关报——《老百姓报》的编辑工作,紧密配合抗日宣传。8月1日,在华北民众御侮救亡大会上,潘漠华还作为"北方文总"的代表参加了大会,并帮助起草了大会宣言等文件。对于抗日救亡的宣传工作,潘漠华总是不辞劳苦,不遗余力。

1933年9月,抗日同盟军在国民党反动派与日本侵略军的联合围攻下宣告失败。10月,潘漠华先是听命潜返北京,后转移到天津工作,并于11月初重新担任中共天津市委常委和宣传部部长,继续从事党组织安排的工作。

1933年年底,由于出现叛徒,潘漠华在天津的河北大旅社第四次被捕。斗争经验丰富的他,在落入敌手的一刹那,迅速撤掉了安全信号,保护了其他同志免于被捕。

刚被捕时,白天,他被敌人押回旅社去做"钓饵",诱捕其他共产党员;晚上,他被关押在国民党天津市党部特务队处,遭受严刑逼供。一个多月后,一无所获的敌人将他转押至天津法院看守所。在那里,他遭受到残酷的非人折磨,很快身患重病,时常全身蜷缩着痉挛不止,需要忍受极度的痛苦。面对各种严刑逼供,潘漠华一直坚贞不屈,经受住了考验,严守了党的机密。最后,敌人以"共产党嫌疑犯"的罪名,判处他五年刑期。

潘漠华虽然进了监狱,失去了自由,但又走上了对敌斗争的第二个战场。在狱中的他仍然牵挂着党的革命事业,千方百计从狱中传出信件,把"××叛变""××被捕"等消息报告给党组织。为了抗议监狱人员对政治犯的虐待和迫害,他抱病和狱友们一起,以血肉之躯作武器,先后发动三次绝食斗争。1934年12月24日,就在狱中第三次绝食斗争取得胜利之际,敌人竟用滚烫的开水浇灌潘漠华,潘漠华惨烈牺牲,时年仅32岁。

1995年10月8日,潘漠华烈士塑像在武义二中揭幕。2000年9月21日,潘漠华烈士纪念馆正式落成,并由中共金华市委、市政府发文公布为"市级爱国主义教育基地"。11月8日,潘漠华烈士纪念馆正式开馆。2019年4月,潘漠华烈士纪念馆入选为第三批浙江省党史教育基地。

潘漠华烈士既是一名文学造诣深厚的诗人,又是一位意志坚定的革命英雄,很早的时候,他就在自己的银制长命锁上亲手刻下"参加革命,不盼长命"这八个字。后来,他四次被捕入狱,遭受残酷折磨,却从未改变革命的初心。"参加革命,不盼长命",可以说是对潘漠华同志一生革命经历最真实的写照。

成其先河　望道之道
——陈望道传略

陈望道(1891—1977)，浙江义乌人，早年留学日本。他是《共产党宣言》中文全译本首译者，积极提倡新文化运动，曾任《新青年》《觉醒》等先进刊物的编辑，创办《劳动界》《妇女评论》等优秀刊物。1920年积极参与上海马克思主义研究会的筹办工作，1927年起在复旦大学任教，1952年任复旦大学首任校长，1957年重新加入党组织。除《共产党宣言》外，他还翻译出版了《空想的和科学的社会主义》《马克思底唯物史观》《唯物史观底解释》《个人主义与社会主义》《产业主义和私有财产》《资本主义的发展》等诸多介绍和研究马克思主义新潮的论著，担任过旷世巨著《辞海》的总主编，撰写了《修辞学发凡》《漫谈"马氏文通"》等教材和专著。陈望道先生为马克思主义在中国早期的传播做出了杰出贡献。

一、白屋之士，穷且意坚

1891年1月18日，陈望道出生在浙江金华义乌分水塘村的一个普通农村家庭。父亲陈君元(号菊笙)，早年曾中过武秀才，是当地村上有较高威望的乡绅。平日一家人生活以务农为主，勤俭操持了多年后，家道不断上升，成为村里一户生活殷实的人家。母亲张翠姐是一个农家女子，性情温和、心地善良，用心操持家业，是典型的贤妻良母。陈望道的父亲虽然是农民出身，但因受到了清末先进维新思想的影响，对子女的教导也极为严厉，他要求子女不能失去劳动人民的本色,在课余时间要多参加田间的各种劳动,还要求陈望道学习拳术、练习武艺,一是为了健身,二是为了强国兴邦。陈望道的家国情怀和为中华之崛起而奋斗的精神,很大程度上是因他的父亲在其年幼时就已经为他种下了"爱国"的种子。

陈望道的童年是在分水塘村度过的。从6岁起,他在村上的私塾跟随张老先生学习四书五经等传统功课。他勤奋好学,有一目十行的阅读能力和过目不忘的记忆力。每逢考试,别的同学都是临时紧张复习,可他却如同往常一样学习。家人问起时,他常说,读书用功在平时,临阵磨枪是不可取的。少年时期的陈望道,兴趣十分广泛,绘画、音乐和书法都有所涉猎。但在各门功课中,他尤其擅长写作,他的写作本上经常有老师用朱红笔添画表示赞许的圈圈。

16岁那年,他因不满足于私塾教育,离开了分水塘村,前往义乌县城的绣湖书院学习数学和博物。一年之后,他又回到了家乡。虽然出生在这个穷乡僻壤,但他从小就有报效祖国的志向。他在不断的文化学习中意识到,如果想让国家强盛起来,就要开发民智。于是,他带领村上同样进步的青年一起破除迷信,兴办教学,希望让村里的青壮年都能学习到文化知识。为了实现让国家富强的理想,一年后他又离开家乡考入浙江省立金华中学,在学校里他发奋学习数理化等知识,认为现代科学技术可以实现"实业救国"的目的。同时,他渐渐认识到欧美国家的现代化水平的先进之处,想出国深造的念头越发强烈。他虽然在金华中学成绩较为优异,但还是毅然选择了肄业,为的就是早日赴欧美等国学习先进的科技。

二、赴日求学,志向高远

离开金华中学后,陈望道积极为出国留学做准备。他先是去了上海的一所学校补习英语,接着又考入了浙江之江大学,专门攻读英语和数学两门课程。

留学的路并没有那么容易,在攻克了外语和基础课程的难题后,还要解决费用的问题。他的父亲君元老先生听说他要自费留学之后也感到十分为难。虽然他心里很支持孩子外出读书,但是留学就意味着要筹措一大笔学资,这对于一个普通的农民家庭而言是一笔不小的开支,因此迟迟没能下定决心。陈望道一开始也没有过多地争辩,而是将"天生我材必有用,千金散尽还复来"的诗句贴到墙上自勉。在僵持了数日之后,他的父亲有所动摇了。陈望道徐徐地做着父亲的思想工作,并且一再强调自己的革命决心,未来也不会分家中的一分田地和房产。君元老先生是一位开明的父亲,最终为儿子求学报国的理想和志向所打动,答应了他的请求,变卖了家中大量的田产,供他出国留学。本来陈望道的理想目标是前往欧美等国,但由于费用实在过于高昂,所以才最终选择了相对较近、费用较实惠的日本[①]。

1915年年初,陈望道开始了他在日本的留学生活。由于他在国内学习的是英语,所以去日本之后又不得不多花费时间在日语学习上。由于他聪慧过人,在语言文字方面极富天赋,加上勤勉用功,语言造成的困难很快就被克服了。他先后前往早稻田大学、东洋大学以及中央大学等学校学习。在日本四年半的留学时间里,他先后完成了哲学、文学、经济、法律、数学和物理等多门学科的学习,并以优异的成绩获得了中央大学的法学学士学位。

值得一提的是,当他的母亲得知他在留学中修习的是法科,就提出了极大的异议。张

---

① 邓明以著:《陈望道传》,复旦大学出版社,2005年,第11页。

翠姐认为学习法学之后就要做官乃至戕害人,虽然现在看来其母这个观念是对法科的偏见,但这也足以体现当时的官吏在民间已不得人心。陈望道自己也认为当时的法科是一门极为功利的学科,只是为统治者披上一层合法的外衣,是复辟党人的必修课,这也为他后来从法科走向文学研究埋下了伏笔。

1917年,俄国十月革命的炮声让世界为之震惊,同时也让许多日本的先进学者开始认知和研究马克思主义进步思想,当时身处日本的陈望道结识了其中的两位著名学者——河上肇和山川均。在与他们的接触交流中,陈望道开始了解到马克思主义的相关理论与思想,并意识到当时内忧外患的中国要救亡图存,仅仅依靠实业救国是远远不够的,只有来一次思想上和实践上以新民主主义和社会主义为定向的革命,才能改变旧中国的社会性质,摆脱中国人民的悲惨命运。陈望道开始从理科知识和法律知识的学习转向了对文学的专攻,并将社会科学作为自己的报国之道。1919年五四运动爆发,中国代表团拒绝在《凡尔赛条约》上签字所带来的影响波及了在日本的留学生们,大量的留学生因此返回国内继续探求救国救民之真理,陈望道就是其中之一。

三、五四归来,独译宣言

正值五四运动如火如荼、新文化运动积极推进之际,陈望道回到国内。当他途经杭州时,时任浙江省教育会主办的《教育潮》主编沈仲九登门拜访,有意引荐他前往浙江省立第一师范学校做国文教师。陈望道起先有些犹豫,沈先生就与时任浙江省立第一师范学校的校长经亨颐三顾茅庐,最终说服了他。于是等到当年秋季开学时,陈望道以国文教师的身份正式受聘于浙江省立第一师范学校。

思想走在行动之前,就像闪电走在雷鸣之前一样。到校任教之后,陈望道立即与一师其他进步教员一起配合校长经亨颐,以学校为基地开展了一系列轰轰烈烈的反帝反封建的新文化运动,并带领学生发起国文教育改革和学生自治运动,遭到当局镇压,引发了轰动全国的"浙江一师风潮"。值得一提的是,在一师任教期间,陈望道因竭力倡导新道德、新思想、新文化,反对旧道德、旧思想、旧文化,而与夏丏尊、刘大白、李次九三人合称为一师的"四大金刚"。

由于在改革浪潮中的突出表现,加上对语言文字的独到见解,当时在上海负责编辑工作的戴季陶等人很快就注意到了这个"浙江一师风潮"中的风云人物。戴季陶手里有一本从日本带回的日文版《共产党宣言》,他深知这本书对于中国新文化运动意义非凡,如果能翻译成中译本在国内发行的话,一定能引起重要的思想革命[1]。但是要翻译这本著作并非易事,译者至少需要具备三个基本条件:"第一是对马克思的学说有深入的了解,第二是要

---

[1] 《共产党宣言》一经问世就震动了世界,之所以"震动了世界",是因为:第一次深刻地揭示了资本主义灭亡和社会主义胜利的历史必然性;系统地论述了无产阶级要夺取政权、改造社会、发展经济的思想;精辟地阐明了未来共产主义社会的本质特征,指明了人类社会发展的前进方向和无产阶级革命的终极目的;科学地提出了无产阶级政党建设的重要性和指导思想。《共产党宣言》的出版,标志着马克思主义的形成和科学社会主义的创立,成为全世界无产阶级和劳动群众争取自由解放的强大思想武器和共同行动纲领,成为各国共产党组织发展壮大的指路明灯。

精通一门外语（德语、日语或者英语），第三则是要对汉语言文学有较深的研究。"①戴季陶认为自己的能力还不足以胜任这项艰巨的任务，而陈望道恰好具备这三个基本条件，所以成为翻译《共产党宣言》的不二人选。历史就是这样的巧合，当戴季陶向邵力子提起此事时，邵力子也立刻推荐："能承担此任者，非杭州的陈望道莫属！"于是，一纸邀稿函飞到了陈望道手中，并随函附了一本日语版的《共产党宣言》。

事实上，在戴季陶找到陈望道之前，陈望道就已经开始尝试翻译《共产党宣言》了。他在日本学习期间就对这本详细阐述关于共产主义一般原理的小册子产生了浓厚兴趣。当时国内也有《共产党宣言》的片段式的摘译，但没有完整的译本，而且这些片段式的翻译者由于没有系统掌握马克思主义基本原理，翻译效果并不理想，经常出现半文半白甚至错漏百出的病句。如将最后一句"全世界无产者，联合起来"翻译为"嘻，来。各地之平民其安可以不奋也"②。因此，以白话文的方式翻译全本《共产党宣言》迫在眉睫。当陈望道收到邵力子发来的请其翻译《共产党宣言》的邀稿函时，毅然决然地应允了邵力子的请求，担当起了全文翻译《共产党宣言》的重任。

1920 年 2 月，陈望道带着英文本和日文本的《共产党宣言》回到了家乡义乌分水塘村，开始心无旁骛地从事翻译工作。出于安全的考虑，他将工作的地点选在自家宅旁的一间柴屋里，工作条件的艰苦程度，从现存的陈望道故居里也可见一斑。柴房位于整个庭院的右角边，经现代技术的保护修复之后与光鲜的厢房和大厅依旧形成了明显对比，更不用说在百年前未能修缮的状态了。浙江山区的早春极为寒冷，特别是在夜间，寒风从透风的薄墙外袭来，而陈望道只着一件单薄的长袍，在阅读书写的过程中经常被冻得手指发麻。柴房内的设施也极为简陋，一块铺板和两条长凳，既是书桌也当床。为了能专心致志地投入到对文本的翻译中，他的一日三餐都是由母亲送到房内的。一盏昏暗的煤油灯，陪伴他度过无数个漫长的寒夜，终于迎来了黎明前绚丽的曙光③。

也就是在这个小柴房里，发生了一个被传为佳话的故事：母亲心疼儿子夜以继日地工作，看着陈望道不断消瘦下去，就托人想办法弄了些糯米做了几个粽子，又用本地生产的红糖做了蘸料一同送进房内，希望能给他补补身子。送进去之后半天未见陈望道有反应，母亲怕红糖放得不够，又不好再推门进去打扰，只好在屋外高声询问道："红糖够甜了吗？"陈望道连连回答："够甜够甜了。"母亲这才放下心来。可是过了一会儿她进去收拾盘子，才发现碟里的红糖一点没少，再一看陈望道的嘴边全是黑乎乎的墨汁。原来他全神贯注地在忙翻译，完全不知道自己在蘸墨汁吃粽子。2012 年 11 月 29 日，习近平总书记在参观《复兴之路》展览时讲到了这个故事，并意味深长地说："真理的味道非常甜！"

确实，《共产党宣言》作为世界上第一个共产党组织的纲领性文献，作为马克思主义理论第一次系统的阐述，作为马克思主义与工人运动相结合的产物和标志，承载着无产阶级及其先进组织（共产党人）太多真理的味道和信仰的力量，也激励着中国更多先进知识分子

---

① 周维强著：《太白之风——陈望道传》，浙江人民出版社，2006 年，第 37 页。
② 周维强著：《太白之风——陈望道传》，浙江人民出版社，2006 年，第 38 页。
③ 邓明以著：《陈望道传》，复旦大学出版社，2005 年，第 39—40 页。

参与到翻译《共产党宣言》的工作中来。从1919年到1949年间,一共有五位先辈翻译过《共产党宣言》。但比起其他的版本,陈望道所翻译的版本更贴合于文本的原意。比如,《共产党宣言》的最后一段被译为:"共产党最鄙薄隐秘自己的主义和政见。所以我们公然宣言道:要达到我们的目的,只有打破一切现社会的状况,叫那班权力阶级在共产的革命面前发抖吧!无产阶级所失的不过是他们的锁链,得到的是全世界!万国劳动者团结起来呵!"① 这段译文与我们现在所看到的《共产党宣言》的最后一段在内容上已经较为接近:"共产党人不屑于隐藏自己的观点和意图。他们公开宣布:他们的目的只有用暴力推翻全部现存的社会制度才能达到。让统治阶级在共产主义革命面前发抖吧。无产者在这个革命中失去的只是锁链。他们获得的将是整个世界。全世界无产者,联合起来!"②

就这样,陈望道花了一个多月的时间,克服各种困难,用一个青年马克思主义者的忠诚和激情,完成了《共产党宣言》全文的中文翻译任务。诚然,如果以现在的眼光看,陈望道所翻译的《共产党宣言》中还存在不少疏漏和瑕疵。例如在注释注解上的标记不明确,大部分的内容仅是用直译加意译的方式完成,并且由于当时受到马克思主义经典文本引介数量的制约,难以与马克思主义其他经典文本进行"互文"。但这些局限并不影响陈望道的《共产党宣言》中文首译本对中国革命产生的重要影响与价值。鲁迅在收到书后的当天就翻阅了一遍,并赞扬陈望道做了一件好事。他说:"虽然译得不够理想,但总算译出一个全译本来。"③毛泽东同志在《关于农村调查》这篇文章中也指出:"记得我在1920年,第一次看到了考茨基著的《阶级斗争》,陈望道翻译的《共产党宣言》和一个英国人作的《社会主义史》,我才知道人类自有历史以来,就是阶级斗争史,阶级斗争是社会发展的原动力,初步地得到认识问题的方法论。"④

四、艰难出版,助力建党

1920年4月底,陈望道兴冲冲地带着刚刚完成的译稿赶往上海,准备在《星期评论》上连载。但该期刊由于发行量大,进步倾向明显,受到当局注意,被迫于1920年6月6日停刊。《共产党宣言》要在《星期评论》上进行连载的计划是无法实现了。当时正值《新青年》杂志因故从北京搬到上海出版发行之际。《新青年》的主编陈独秀对陈望道早有耳闻,在简短的会面后便将他作为成员纳入《新青年》编辑部。从第8卷第1号开始,陈望道参与到《新青年》的编辑工作中。同时,陈望道也借此机会直接参与了上海马克思主义研究会的创建工作,成为中国共产党上海发起组的成员之一。

得知已经完成的《共产党宣言》中译本面临难以出版的窘境后,陈独秀四处奔走。可由

---

① 王东风,李宁:《译本的历史记忆:陈望道译〈共产党宣言〉解读》,《中国翻译》2012年第3期,第76页。
② 马克思、恩格斯:《共产党宣言》,中共中央马克思恩格斯列宁斯大林著作编译局编译,人民出版社,2018年,第65—66页。
③ 周维强著:《太白之风——陈望道传》,浙江人民出版社,2006年,第43页。
④ 《建党以来重要文献选编(1921—1949)》第十八册,中央文献出版社,2011年,第628页。

于当时的上海局势较为严峻,反动派势力对新兴的进步力量和进步书籍虎视眈眈,《共产党宣言》在多处印刷厂都被婉言谢绝。正当众人以为出版无望时,事情出现了转机。

五四运动爆发后不久,共产国际派遣代表维经斯基来中国协助筹建党组织。1920年经过陈独秀的介绍,他与上海的社会主义者建立了联系,共同商讨建立中国共产党的事宜。在听闻《共产党宣言》未能出版后,维经斯基与其翻译杨明斋立即决定从共产国际给予的经费中抽出一部分来资助出版。于是,在上海拉菲德路(今复兴中路)成裕里路12号建起了一座名叫"又新"的小型印刷厂,不久,《共产党宣言》第一个中文全译本在此问世,列为社会主义研究小丛书的第一种。由于排版仓促,《共产党宣言》的封面被误印成了《共党产宣言》,这个失误反而成为今天我们鉴别《共产党宣言》第1版的重要标记。第1版《共产党宣言》中文全译本发行量为一千册,定价大洋一角,不日便售罄①。同年9月,《共产党宣言》发行了第2版,纠正了第1版封面的错误,封面色彩也由水红色改为蓝色②。1921年中国共产党成立后,该书又进行了多次再版,虽然也多次遭到了反动派势力的打压和查禁,但乌云终究挡不住真理的光芒,在短短的一年多的时间里,李大钊、陈独秀分别在北京、上海各自建立了马克思主义研究小组,并完成了对《共产党宣言》的校对完善工作。到1926年5月,此书已经再版了17次。《共产党宣言》的出版无疑对中国革命产生了巨大影响③。

在《共产党宣言》出版之后,陈望道并没有停下他在党组织内的工作。上海马克思主义研究会成立后,他们将《新青年》作为党的公开的机关理论刊物,并与邵力子一起将《觉悟》作为党的外围刊物。这两份刊物共同作为党的重要舆论阵地,对扩大马克思主义思想在中国的影响起到了举足轻重的作用。他们一方面从思想上批判了各种反动派的理论,另一方面也积极鼓励全国各地先进的知识分子团结起来,以星星之火,汇聚燎原之势。

陈望道还投身于社会主义青年团的建设工作,是早期社会主义青年团的负责人之一。他在自己的回忆录中写道:"在上海共产主义小组成立之前,陈独秀、李汉俊、李达和我等先

---

① 周维强著:《太白之风——陈望道传》,浙江人民出版社,2006年,第53页。
② 谭渊:《共产党宣言汉译历史与译本演变》,《同济大学学报(社会科学版)》,2018年第3期,第91页。
③ 陈望道的《共产党宣言》中译本对中国革命产生的重大影响主要表现在:(1)为马克思主义传播加劲,它有力地推动了马克思主义的广泛传播。(2)为中国共产党建党助航。在陈望道翻译的《共产党宣言》中译本出版前后,正是中国共产党的筹建时期,上海、北京等地共产主义小组纷纷成立。1920年11月,上海共产主义小组起草并制定的《中国共产党宣言》,就是学习和研究了《共产党宣言》中译本的产物,明确阐述了我们党对共产主义理想、共产主义目的和阶级斗争现状的基本认识。中国共产党"一大"通过党的纲领,明确提出以无产阶级革命军队推翻资产阶级,采用无产阶级专政,以达到阶级斗争的目的——消灭阶级、废除资本私有制等内容。能形成这样鲜明的党纲,应该说与《共产党宣言》中译本在党内的影响是分不开的。(3)为中国革命英才铸魂。中国共产党早期的一些领导人、中国革命的一些杰出的栋梁之材接触、学习马克思主义,是从学习《共产党宣言》中译本开始的。1936年,在延安窑洞里,毛泽东对远道而来的美国记者斯诺说:"有三本书特别深地铭刻在我的心中,建立起我对马克思主义的信仰。"毛泽东讲的三本书中,第一本就是陈望道翻译的《共产党宣言》。1920年,周恩来赴法留学之前,就在国内读了《共产党宣言》,也就是陈望道的中文译本,之后继续深入学习,最终成为共产主义者。1992年,邓小平在南方谈话中说:"我们的入门老师是《共产党宣言》。"

组织了马克思主义研究会。研究会吸收会员,起初比较宽,只要有兴趣的都可以参加,后来就严格了。五六人比较机密,总共不到十人。马克思主义研究会是对外的公开的名称,内部叫共产党,有组织机构,有书记,陈独秀就是书记。"①

1920年11月,陈望道参加了由上海共产主义小组出版的内部刊物《共产党》的创刊工作。这是我国第一个以"共产党"命名的刊物,努力宣传共产主义和共产党的思想和主张,介绍俄国共产党的建党历程,刊登了不少马克思列宁主义的相关文章。与此同时,中国第一批在马克思主义指导下成立的工人阶级组织——上海机器工会在外国语学社正式成立。

在推动上海工人运动蓬勃发展的同时,陈望道还协助出版了上海共产主义小组的工人刊物——《劳动界》,并为该刊物撰写了《平安》《真理底神》《女子问题和劳动问题》《劳动者唯一的"靠着"》等多篇号召工人阶级团结起来,共同与旧制度进行斗争的文章,向工人阶级宣传了大量马克思主义关于阶级斗争的学说。在文章《平安》中,陈望道采用反问的手法引起工人的思考,他说:"'平安'两字,我们中国人没有一个不喜欢的,中国几乎一刻也忘不了这两字;门帘上也常常写着这两字,信札上也常用这两字做结束。可是,实际上已经得到了吗? 实际上已经在可以得到的路上走了吗?……他们好的更要好,闲着没事,只顾向'不平'做去,我们就刻刻只有向'不安'陷落!'不平'和'不安',已经充塞在我们周围了! 哪里去找'平安'? 难道单是门帘上,信札上? 我们向哪里去找'平安'?"②此外,陈望道还翻译了《劳动运动通论》《劳农俄国底劳动联合》《劳工问题的由来》等许多文章,刊登在《新青年》《劳动界》和《觉悟》等刊物上,以期介绍国外马克思主义工人运动的先进经验,作为中国工人运动的借鉴③。在建党前后,陈望道等人编辑的《觉悟》还配合《新青年》积极宣传马克思主义,为建党做好了舆论准备。同年8月又创刊《妇女评论》,积极为妇女解放打下思想基础。

工人阶级因为有了自己的组织和明确的精神纲领,他们的运动才能逐渐壮大起来。1922年的新年,陈望道起草了一份名为《太平歌》的贺年信,正面印着"恭贺新年",背面则是宣传共产社会太平国的歌词,其目的是为了向群众宣传共产主义,当时在大街小巷四处分发。这一行为引起了反动派的恐慌。

陈望道在党内的时间并不长,中共三大之后他就选择了退出组织。一方面因为不满陈独秀的家长制作风,另一方面是由于他被污蔑时部分不明真相的年轻党员对他进行了偏激的指责。党组织曾对他进行挽留和劝说,但他表示:"我信仰共产主义终身不变,愿为共产主义事业贡献我的力量,我在党外为党效劳,也许比在党内更方便。"④虽然陈望道脱离了党组织,但在接下来的人生中,他的心还紧紧与中国共产党和马克思主义联系在一起,在他从教的几十年里,只要是党组织的同志联系他,无论任务多么艰巨,他都会倾力而为。他同时也在各大院校宣扬新文化运动和马克思主义思想,为中国共产党的发展和马列主义的传播

---

① 周维强著:《太白之风——陈望道传》,浙江人民出版社,2006年,第54页。
② 陈望道:《陈望道文集》第一卷,上海人民出版社,1979年,第17—18页。
③ 邓明以著:《陈望道传》,复旦大学出版社,2005年,第60页。
④ 茅盾:《我走过的道路》,引自《茅盾全集》第34卷,人民文学出版社,1997年,第268页。

做出了卓越贡献。中华人民共和国成立之后,陈望道以书面的形式提出要重新加入党组织,毛泽东知道了之后说了一句话,大意是:陈望道什么时候想回到党内,就什么时候回来,不需要写分析,也不需要开会讨论,可以不公开身份。于是,在1957年,陈望道以组织直接吸收的方式重新回到了党组织的怀抱。

五、心系教育,情牵复旦

1920年陈望道来到上海后,除了进行革命政治工作外,其余的精力都放在了文化教育活动上。

1927年受到"四一二"事变的影响,陈望道一直为之奋斗的上海大学被当局勒令关门,于是他前往复旦大学中文系做系主任。1931年,陈望道因保护学生而受到反动势力的威胁,被迫离开复旦大学,但他并没有就此放弃教育和文化革命,依旧在上海文化节参加抗日救国相关活动。这再次引起了反动派特务的注意,于是他又辗转到安徽大学和桂林师专,一方面是受人所托,想进一步传播先进文化,另一方面也是为了预防反动派的进一步迫害。直到1937年七七事变之后,他才辗转回到上海。

1940年秋天,抗日战争的战火烧到了沪松境内,陈望道周转到大后方重庆,回到迁校重庆的复旦大学任教,并担任新闻系主任一职。1946年9月复旦大学回迁到上海,陈望道也随着学校的复迁回沪。三年后,他被中国人民解放军上海军事管制委员会任命为复旦大学校务委员会副主任兼文学院院长。

陈望道是一个心思缜密的人,但这并没有完全掩盖他性格中刚烈的一面。他因不满陈独秀的家长作风而退出党组织,在院系建设中不肯屈从于强势话语,更不肯迎合上意的做法都能彰显出他一介文人骨子里有的硬气。他在全国大会上讲过青年学生要虚心学习苏联先进经验,但这并不意味着"一边倒"地学。"20世纪50年代初期,上面提倡'一边倒',全面学习苏联,文教领域也是唯苏联专家的意见是从。在关于如何制定汉语拉丁化字母的问题时,苏联专家希望加入一些斯拉夫字母,中国专家心里不同意,但是又因为政治压力不敢顶撞,只有陈望道站出来反对,认为这两者的字母体系不同,加进来不伦不类。他与苏联专家辩论了一个上午,终于回绝了对方这一不合理的要求。"①

1966年到1972年,由于"文化大革命"的影响,陈望道被暂停一切行政职务和社会活动,直到1972年才返回复旦大学重新进行研究工作,但这个时候的他已经到了风烛残年。

六、重回组织,革新文法

1957年6月,党中央直接吸收陈望道为中共党员,但并未对外公开,直到1973年8月,这件事才被公布于众。作为当年上海最早的五名党员之一的他终于重回党组织的怀抱。

即便在脱离组织后,陈望道也没有停止为党的建设事业贡献自己的力量。在新中国成

---

① 吴中杰:《复旦园里长镜头——记陈望道先生》,引自《海上学人》,广西师范大学出版社,2005年,第1—2页。

立前夕，他便和鲁迅等主张新文化改革运动的先驱者们一起开展建设了"中国著作家抗日会""大江书铺""中国左翼作家联盟"等先进组织，同时也积极配合党组织的工作安排，前往中华艺术大学担任校长。他所发表的《修辞学发凡》和《拉丁化汉字拼音表》都为革新中国文化事业立下汗马功劳，同时他创办的《太白》杂志一度成为"大众语"的重要阵地，填补了现代中国科学文化史、科学普及史和科学传播史的空白。

在新中国成立后，他依旧在积极推进中国文化的改革。在复旦大学从教的日子里，他一方面严格要求学生，积极改革校内行政体制，另一方面也在不断地从事文学研究，编写了《论现代汉语中的单位和单位词》《汉语提带复合谓语的探讨》等论著，并以总主编的身份参与了《辞海》（未定稿）这一巨著的编撰工作，还在病榻上完成了《文法简论》一书。

1977年，为革命和文学事业奋斗一生的陈望道因病在上海华东医院去世，享年87岁。

早期党员　民建先贤
——施复亮传略

施复亮(1899—1970)，浙江金华人，原名施存统，曾用名光亮、伏量、方国昌，代号有玉英、子充、子由等。1920年6月，他参加了上海中共早期组织和青年团的创建活动，是旅日中共早期组织的负责人，社会主义青年团中央首任书记，中国民主建国会的创始人之一。1949年后，曾任中央人民政府劳动部副部长，中国民主建国会第一、二届中央副主任委员，第一、二、三届全国人大常委会委员，第一届全国政协委员兼副秘书长，第二、三、四届全国政协常委。

一、改造社会，研究、宣传马克思主义

1899年11月12日，施复亮出生于浙江金华县叶村的一个农民家庭。父亲施长春诚实规矩，精于农事，闲时做点小生意。母亲徐氏出生于金华城里的一家书香门第，父亲和大弟弟都是秀才。

施复亮从10岁开始到18岁，先后在本村的私塾、初等小学堂和金华县城的长山高等小学读书。他天资聪颖、学习勤奋，熟读四书五经和《纲鉴易知录》《古文观止》《论说文范》《国

文精华》等典籍,打下了坚实的中国传统文化基础。

1917年夏,他考入浙江省立第一师范学校,"决计献身教育","要做一个有发明的大教育家"。五四运动期间,他积极参加新文化运动,与俞秀松、查猛济、沈乃熙(即夏衍)等28人成立浙江新潮社,出版《浙江新潮》周刊,发出了"改造社会"的呼喊。

由于受到母亲因父亲的虐待而濒临死亡的刺激和对封建礼教及孝道的腐朽本质的认识,1919年11月7日,施复亮在《浙江新潮》第2期上发表了向封建礼教宣战的《非孝》一文,一鸣惊人,轰动全国!新文化运动的进步人士和具有新思想的人交口称赞。沈玄庐将它喻为"雷霆风雨",具有"反抗精神"。陈独秀在《新青年》上发表评论说:"《浙江新潮》的议论彻底,《非孝》的文章天真烂漫,十分可爱,断然不是乡愿派的绅士说得出的。"而反动军政当局和守旧者则斥骂它"大逆不道""妖言惑众""肆口妄谈,实属谬妄"。他们不仅查封了《浙江新潮》,而且相继做出开除施复亮,解聘陈望道、夏丏尊、刘大白、李次九等一师新派教员,甚至解除锐意改革的校长经亨颐之职和解散一师等决定,因此引发"一师风潮"。

为了寻找"改造社会"之路,1920年1月初,施复亮与俞秀松等同学进入北京工读互助团第一组。尽管他们十分努力,但先后发生的"共产风波""脱离家庭风波""恋爱风波",使得团内争论不断、分歧日甚,不断有人退团,再加上经营不善、经费短缺,在"万难支持"、无法维持生活的情况下,工读互助团第一组于当年的3月23日解散。

1920年3月27日,施复亮与俞秀松到上海后,在《星期评论》社工作,结识了《新青年》的主编陈独秀和其他一些同志。不久,他加入由陈独秀发起组织的上海马克思主义研究会,经常与陈独秀、俞秀松、杨明斋、李汉俊、沈玄庐、陈望道、邵力子等人聚集在一起,阅读有关马克思主义的书籍,讨论走十月革命道路、改造中国的问题。在6月中上旬,他参加了上海中共早期组织和青年团的创建活动,并参与起草了党纲草案,是中共最早的党员之一。

1920年6月20日,施复亮带着自抄的党纲草案离开上海,赴日本求学并治疗肺病。在日本,他刻苦学习日文和政治经济学,并与日本共产党和社会主义者广泛接触,认真研读著名思想家、社会活动家幸德秋水、堺利彦、山川均和河上肇等人有关马克思主义和社会主义的著作。从1921年1月开始,他陆续翻译了北泽新次郎、河上肇、山川均等人有关马克思主义、社会主义和唯物史观的著作,发表在1921年1月至1922年年底的《民国日报》和《先驱》等报刊上。除了翻译外,他还用马克思主义唯物史观分析和研究中国革命问题,写了多篇文章发表在《民国日报》《新青年》《共产党》等报刊上。其中影响较大的有《我们要怎么样干社会革命?》《马克思底共产主义》《唯物史观在中国的应用》《马克思主义底特色》等。他用自己的实际研究和译著,确立了中国第一代马克思主义传播者和实践者的地位,努力为中国共产党的建立和发展从理论上奠定坚实的基础。

在日本期间,施复亮不仅认真研究、积极宣传马克思主义,而且还积极从事共产党组织的活动,并担任旅日中共早期组织的负责人,与旅日进步青年建立联系,发展"农民运动大王"彭湃,以及杨嗣霞、林孔昭等十多人入党。

由于与日本社会主义者的频繁交往、与中国国内共产党人的密切联系、宣传马克思主义和社会主义等,施复亮在日本期间一直受到日本警察机关的严密监视。1921年12月中旬,他被日本当局逮捕,关押了半个月左右。12月28日,他被驱逐出境,当日傍晚登船,离开日本回国。

二、出任团中央书记,积极参加革命活动

1922年年初,陈独秀委派施复亮担任中国社会主义青年团临时中央局代理书记,并兼任青年团上海地方委员会书记,要求他全力进行团组织的恢复、整顿工作和筹备召开青年团一大。为此,他开展了卓有成效的工作。首先确定将马克思主义作为青年团的信仰,并按照这个指导思想,在全国范围内开始了团的恢复整顿和发展工作。1922年5月5日,在中国社会主义青年团第一次全国代表大会上,他被推选为团中央书记。青年团一大后,施复亮将全部身心投入到团的领导工作之中,继续抓团的思想整顿、组织整顿和带领团员积极参加实际斗争。

1922年7月16日至23日,施复亮在上海参加了中共二大。在会上,他做了关于社会主义青年团第一次全国代表大会召开情况的报告。不久,根据共产国际关于国共合作的建议,经戴季陶、胡汉民等介绍,施复亮加入国民党,成为跨党党员。

施复亮除了忙于团的日常工作之外,操劳最多的是主编团刊《先驱》。从1922年1月15日创刊至1923年8月15日停刊,《先驱》共出版25期,其中17期都是由施复亮主编的。他不仅在《先驱》等报刊上发表了《本团的问题》等多篇指导青年团工作和青年运动的重要文章,而且还在百忙中一如既往地进行著译,继续宣传马克思主义和苏俄社会主义。其出版的主要著作有《社会科学讲义》《社会思想史》等,译著有《资本制度解说》《劳农俄国问答》《马克思学术概要》《新俄经济政策与俄国之将来》等。

因连续几年的超负荷工作,施复亮劳累过度,患上了严重的神经衰弱。1923年8月,在南京国立东南大学召开的社会主义青年团第二次全国代表大会上,他仍被选为团中央执委委员。他因担心自己的身体难以承担繁重的工作,所以主动请辞一切职务。经讨论,组织最终同意了他的请求。

1923年8月底,施复亮接受邓中夏的邀请,到上海大学社会学系任教授,讲授社会运动史、社会思想史、社会问题三门课程。在教学中,施复亮极力用马克思主义唯物史观阐述社会历史问题,并结合中国实际,讲解解决中国社会问题的根本原则和基本方法。由于他学识渊博、讲课形象生动,深受学生的欢迎。

1923年10月,因黄仁事件,上海大学的共产党与国民党右派发生激烈斗争,瞿秋白辞去社会学系系主任一职后,施复亮继任社会学系系主任,并成为校行政委员会委员,参与学校的领导工作。施复亮不仅带头讲好课,传授革命理论知识,而且积极加入到社会现实斗争中去。在他的带领下,上海大学创办了工人夜校和平民学校,向工人讲解社会不平等的原因,启发工人的觉悟。

1925年,在上海五卅运动中,施复亮不仅与师生一道在工人夜校中发动和组织工人罢工、罢市、上街游行、演说、散发传单、追悼顾正红烈士等活动,而且以"光亮"为笔名,在《上大五卅特刊》上,先后发表了《组织工会及罢工自由》《中国学生在民族革命中的地位和任

务》《只有前进,不能后退!——我们的生死关头》《我们底战斗方略》等文章,申明工人罢工的合理性和合法性,号召广大工人和学生"只有前进,不能后退",誓死奋斗到底!

孙中山逝世后,国民党内右派势力抬头。曾对施复亮有知遇之恩的戴季陶成了右派的主要代表,支持成立"孙文主义学会",利用和歪曲孙中山思想,公开反对马克思主义。7月,戴季陶出版《国民革命与中国国民党》一书,反对唯物史观、社会革命论的阶级斗争学说,为打压共产党、青年团和其他进步组织及社团制造舆论根据。施复亮与陈独秀、瞿秋白、恽代英等一起,先后发表文章,义正词严地对所谓的"戴季陶主义"进行了尖锐的批判。同时,施复亮以《反对西山会议》等多篇文章,批判、抨击反对"联俄、联共、扶助农工三大政策"的国民党西山会议派。

1926年年初,施复亮与社会学系的学生、共产党员钟复光结婚。他特地刻了一枚"复光复亮"的图章送给钟复光,并将自己的名字改为"复亮"(原名施存统),为此,他还写了一首打油诗:"复光复亮,宗旨一样。携手并肩,还怕哪桩?"表明了夫妻二人亲密无间、共同奋斗的意愿。

1926年9月,上海"九七国耻"纪念大会后,反动政府开始对上海大学的进步人士和革命力量进行迫害和摧残,周水平、刘华、贺威圣等师生先后被杀害。在舆论战线和现实斗争中冲锋陷阵的施复亮也成为反动派的眼中钉。军阀孙传芳、齐燮元下令通缉几位著名教授,施复亮也在其中。为了施复亮的安全,9月下旬,党组织安排他离开上海,去广州中山大学任教,并在黄埔军校、广州农民运动讲习所讲授政治经济学。同时,他还四处演讲,宣传国民革命的理论。他把讲演稿编成《中国国民党的组织和训练》一书,于当年的12月出版,首印的5 000册被抢购一空,影响很大。

1927年2月,施复亮夫妇按照组织的安排来到武汉。施复亮在黄埔军校武汉分校——中央军事政治学校任教官,钟复光任女生大队政治指导员。

1927年,蒋介石发动"四一二"反革命政变后,独立第十四师师长夏斗寅与四川军阀杨森在蒋介石的策动下进攻武汉。紧急关头,中共中央立即召开紧急会议,决定由留在后方的叶挺率领第十一军第二十四师迎击叛军的进攻,并将中央军事政治学校和农民运动讲习所的学生编成中央独立师,任命恽代英为中央独立师党代表、施复亮为政治部主任。施复亮随军参战,负责宣传工作,直至战斗胜利。

三、组建中国民主建国会,反抗国民党独裁统治

1927年7月15日,汪精卫正式与共产党决裂,封闭武汉的工会、农会,疯狂屠杀共产党员和革命分子。蒋介石和汪精卫集团的先后叛变,使国民革命遭受严重损失,第一次国内革命战争归于失败。

革命向何处去?下面的路究竟如何走?施复亮犹豫、彷徨、痛苦……,既十分反对蒋介石对共产党的镇压、屠杀政策,也不赞同共产党的革命方式。他认为,力量薄弱的共产党和独裁、贪腐的国民党都不能领导国民革命,主张以"革命的三民主义"把国民党改造成真正能领导国民革命的"革命的国民党"。1927年8月30日,施复亮在《中央日报》副刊上发表

《悲痛的自白》,把内心的煎熬和痛苦公之于世,并宣布"退出中国共产党,发愿做一个单纯的革命的国民党员"。

施复亮退党后,先后加入"本社"和改组派,积极探索国民革命新的出路。他在《目前中国革命问题》一书中提出了一整套重建"革命的国民党"的主张,并精心构建了"革命的三民主义"的理论体系。但他的主张并不为主持改组派的汪精卫、陈公博所接受,他们无意真正改造国民党,只是为了与蒋介石争权夺利。施复亮主张改造国民党的希望破灭后,便毅然退出改组派,潜入书斋,著书立说。从1929年到1932年,他共出版了近30部著作和译作,宣传马克思主义和苏联社会主义制度及经验。他在1932年出版的《中国现代经济史》一书的自序中写道:"三年以来,我对于中国政治问题和经济问题,完全采取沉默的态度。根本的原因是由于自己发见一九二八年所发表的政治见解和经济认识底错误及参加'中间运动'的失败,使我没有勇气再对于中国政治经济问题发言。这三年来,一方面只有反省忏悔自己过去思想底错误,埋头做基本研究工作;别方面只有在自己能力所及的范围内做一点译述介绍的工作,以期多少减轻过去的罪过。……我越研究,越感觉自己过去思想底错误。我很想有机会在群众面前清算自己过去的政治经济见解底错误,虽然我决心永远做一个'学究'。"后来,他还多次检讨了这次对共产党革命前景判断的重大失误,认为这是他的终身憾事。其实,他退党以后,仍在不断地呼吁要执行孙中山创立的"团结工农势力""联合苏俄""容纳共产派"的三大革命政策,并立下了"帮助共产党"的原则。

1932年淞沪会战时,施复亮走出书斋,投身抗日洪流。他在北京高校内讲授《资本论》,宣传马克思主义,并且四处演讲、撰写文章,在呼吁抗日救国的同时,不断抨击蒋介石政府的不抵抗主义政策,因此引起了政府当局的注意,并发出逮捕施复亮、许德珩、侯外庐、刘侃元和马哲民等五位教授的通缉令。由于一位学生的及时通报,施复亮才幸免于难。但是,国民党反动当局未停止通缉他。他在冯玉祥将军的帮助下,一度赴日本避难。

七七事变爆发后,周恩来曾指示中共上海办事处找陈望道、施复亮等人谈话。冯雪峰执行周恩来的指示,约谈了陈望道、施复亮等人,主要是传达中共中央和毛泽东主席关于抗日民族统一战线政策和国共合作问题,希望他们呼吁政府和民众团结一心,共同抗日。施复亮表示完全赞同共产党的抗战决策,会全力以赴,为抗日救亡奔走呼号。在上海"八一三"事变后短短的三个月中,他连续在《文化战线》《救亡日报》《民族呼声》《新华日报》等报刊上发表了几十篇文章,呼吁民主抗战。后来,他将这些文章汇编成《民主抗战论》一书,由进化书局出版,形成了较为系统的民主抗战思想,主要是"持久的全面的抗战"论、"全民抗战"论和"民主抗战"论,影响很大。

1940年,施复亮到重庆任南方印书馆总编辑。在南方印书馆,他一边做好管理和编辑出版工作,一边撰写宣传抗日救国的文章。他同中共领导人来往频繁,还受到周恩来的很多教育帮助。

1941年1月,施复亮和夫人钟复光被南方印书馆解职。夫妻双双失业,一家人度日艰难。这时,国民党假借民意,设立所谓"民意机关参政会",要找一些人撑门面。由于施复亮有一定声望,国民党就派人前来利诱,邀请他去参加工作。但是,处于生活窘境中的施复亮却说:"宁可饿肚皮,不投蒋介石。"

不久,经胡子昂、鄢公复等人介绍,施复亮到四川省银行经济研究处任主任,并主编《四川经济研究专刊》。他精神焕发,充满激情,积极撰写有关抗日救国的文章。从1942年1月到1946年1月,他不仅出版了《经济漫谈》一书,而且发表了《中国经济的前途与中国人民的觉悟》《战后中国经济应取的政策》《稳定经济与争取胜利》《战后中国经济建设中几个根本问题》《当前的经济复原问题》《论当前的经济危机》等十余篇经济学文章,为使遭到战火毁坏的中国经济得以尽快恢复,他提出了一整套有价值的、可行的战后经济发展的方略和具体措施。

1944年,周恩来遵照毛泽东关于"争取中间势力"的指示,在接待施复亮等党外人士的过程中,劝说他们要成立自己的组织,表达自己的主张。施复亮积极响应,于1944年年底,和许德珩等一批进步学者组成民主科学座谈会(即后来的"九三学社"),宗旨是争取抗战胜利和政治民主,继承和发扬五四运动的民主、科学精神。施复亮经常参加民主科学座谈会,讨论时局,发表政见。同时,他还参加各种群众性的政治活动,如报告会、演讲会和聚餐会等,积极宣传抗日民族统一战线的政策,反对国民党的独裁政治,揭露国民党假抗战、真反共的阴谋,为抗战到底、争取最后胜利献计献策、奔走宣传。因此,国民党政府对他进行了监视。但他无所畏惧,继续宣传抗日救国、民主建国。

1945年8月,日本帝国主义宣布投降,抗日战争胜利结束。8月21日下午,胡厥文在重庆六厂联合办事处(沙坪坝土湾)接待了到访的黄炎培和杨卫玉。他们商定以迁川工厂联合会和中华职业教育社为基础,发起组织一个新的政团,并议定邀请懂政治、经济的章乃器、施复亮、孙起孟三人参与组织的筹备工作。施复亮接受邀请,积极参与筹备工作。

8月28日,毛泽东、周恩来等赴重庆谈判。谈判期间,毛泽东、周恩来多次会见了民主党派领导人和民族工商界人士张澜、黄炎培、胡厥文、刘鸿生、李烛尘、吴羹梅、章乃器、施复亮等人。中共关于建立人民民主统一战线的政策和新民主主义国家对私营工商业的基本原则,使施复亮深受启发和鼓舞。他悔恨过去由于认识上的错误,做了对不起党的事情,自此他下定决心,要积极宣传统一战线政策,为民主建国而奋斗。

1945年12月16日,中国民主建国会(简称"民建")在西南实业大厦举行成立大会,施复亮被选为常务理事。12月20日,在第一次常务理事会上,施复亮被确定为言论出版组主任,负责编辑民建机关报——《平民》周刊。起初,民建表明中立于国民党和共产党之间,执行"不右倾、不左袒"的"中间路线",但施复亮主张"偏左不偏右"。1946年1月11日,施复亮在《新华日报》上发表《感想与希望》一文,认为:"今天中共是一种进步的力量,在它忠实于民主运动和民主政治的时候,我们不但不应该拒绝和它合作,而且应该诚实合作。"他主张采取一种"坚决反对保守反动的道路"的中间路线。

1946年1月,国民党政府被迫召开了有国民党、共产党、民主同盟以及社会贤达等代表参加的政治协商会议。为了促进政协大会的成功举办,重庆成立了政治协商会议陪都各界协进会,施复亮是协进会理事。从1月12日到27日,协进会共召开了八次各界民众大会,宣传民主党派和人民对和平建国、民主施政的愿望和要求。前三次是在迁川工厂联合会的合作会堂举行的,从第四次起,改在重庆沧白堂举行,每次到会群众均在千人以上,最多时达3 000多人,气氛非常热烈。施复亮参加并主持了其中的几次活动,与特务做面对面的斗争。

政协会议虽然达成了和平建国纲领,以及军事、宪法草案、政府组织、国民大会等问题的五项协议,但是,国民党政府根本没有实践决议的诚意。为了敦促国民党履行协议,政治协商会议陪都各界协进会所属 23 个团体于 2 月 10 日,在重庆较场口召开了"陪都各界庆祝政治协商会议成功大会"。施复亮与李德全、李公朴、章乃器、马寅初等 20 多人为大会主席团成员。国民党反动派有计划、有组织地安排了特务打手,破坏了这次会议,施复亮、李公朴、郭沫若、章乃器、马寅初等主席团成员和特邀代表及与会群众共 60 多人被打伤。施复亮受伤最重,胡子昂让出自己的小汽车,由钟复光陪同,把他送到医院诊治。当天下午,施复亮忍着伤痛,断断续续口授,由钟复光笔录,写了一篇充满激情的《愤怒的抗议》文章,发表在第二天的《新华日报》上,对国民党制造的惨案进行了愤怒的抗议和严正的控诉。

自"较场口事件"后,国民党变本加厉地镇压民主运动,监视并逮捕民主人士,施复亮也在他们的监视之中,随时都有被迫害的可能。为了施复亮及其家人的安全,在周恩来的安排下,5 月上旬,施复亮一家与新华社的一些同志一起乘飞机去了上海。在上海,他积极参与民主建国会的工作,宣传中共的各项方针政策、民建的政纲和主张,并指出国民党统治的末日即将到来,鼓励民建会员为建立新中国而努力。

1946 年 6 月,国民党政府在美国的支持下,撕毁停战协定,调集百万大军准备向解放区大举进攻,挑起全面内战。全国人民对国民党政府的内战政策极为不满,作为各民主党派政治活动中心的上海,掀起了反内战的群众斗争浪潮。施复亮积极投入反内战的斗争之中,在民建总会创办的机关刊物《民讯》上连续发表了《当前时局与本会的任务》《今后的第三方面》等多篇文章,宣传民主,反对内战。

在国共内战惨烈之时,施复亮为国民的悲惨遭遇忧心,想寻找一条新路。从 1946 年 7 月到 1947 年 5 月,他先后发表了《何谓中间派?》《"第三方面"的组织问题》《论"第三方面"与民主阵线》《中间派的政治路线》《中间派在政治上的地位和作用》《中间路线与挽救时局》等文章,主张中间路线,引起了社会的广泛关注和反响。在国共两党斗争的是与非之间,他坚决反对违反民主的法西斯独裁专制,谴责蒋介石国民党"二十年来腐败无能的统治",以及发动内战的种种罪恶,而对共产党,则承认它代表进步的革命势力,肯定它在民主运动中的重要地位和作用,表示要联合包括中共在内的民主力量结成统一战线,"共同向国民党反动派争民主"。他主张反帝反封建、反官僚、反军阀、反对国民党独裁统治、反对大地主和大资产阶级、反内战,并且提出"向前"不"向后""改良不成,便只有革命"等观点,显示了革命的进步性。他对于发展生产力和土地改革的构想,也有一些可资借鉴的价值。但是,他不能认清蒋介石国民党独裁统治的阶级本质,看不到共产党领导中国革命的能力和希望,反对暴力革命,主张和平改良,坚持"第三条道路",并过高地估计了中间派的地位和作用,这显然是不符合中国的国情和中国革命的实际的。

四、响应党中央号召,参加新中国建设

1948 年春,解放战争的形势发生了根本转变,国民党反动统治已走向穷途末路。4 月 30 日,中共中央发布了《纪念"五一"劳动节口号》,号召"各民主党派、各人民团体、各社会贤

达迅速召开政治协商会议,讨论并实现召集人民代表大会,成立民主联合政府"。民主建国会和其他民主党派一起响应共产党的"五一口号"。施复亮参加了民主建国会秘密召开的理事、监事会议。通过讨论,大家一致通过了"赞成中共'五一'号召,筹开新政协,成立联合政府,并推章乃器、孙起孟为驻港代表,同中共驻港负责人及其他民主党派驻港负责人保持联系"的决议。这标志着民建政治立场、政治纲领的转折。它实际上宣布民建抛弃了最初成立时"不右倾、不左袒"的中间路线,在国共两党的激烈斗争中,最终郑重地选择了接受中国共产党的领导、与中共团结合作的立场。这年10月,施复亮去了香港。

11月,中共中央致电中共华南分局,邀请在上海和香港响应"五一口号"的各民主党派与爱国民主人士代表进入解放区,共同商讨筹备召开人民政协和组织联合政府等问题。在上海的民建总会接到邀请后,黄炎培、胡厥文、盛丕华等人讨论决定,推派章乃器、孙起孟和施复亮为民主建国会代表到解放区参加筹备新政协工作。

1949年年初,在中共中央的安排下,施复亮与在香港的各民主党派的领导人和无党派民主人士等被分批接到解放区,他们参观了大连、旅顺、沈阳、哈尔滨等地的工厂、学校、煤矿、电站、农村等,被解放区的新面貌、新气象所感动。4月15日,毛泽东在北京香山双清别墅宴请黄炎培、盛丕华、章乃器、施复亮等13位民建领导成员及工商业家,勉励他们为解放上海效力。施复亮响应毛泽东的号召,主动报名加入陈毅率领的大军南下。请求得到批准后,他便加入到解放上海的大军中,做些宣传鼓动工作。5月27日,上海解放。5月28日,上海市人民政府正式成立,施复亮任华东军事管制委员会顾问。6月15日至19日,新政治协商会议筹备会在中南海勤政殿举行,施复亮参加了这次会议,并被推举参加新政协组织法起草小组。9月21日至30日,中国人民政治协商会议在中南海怀仁堂隆重举行。施复亮作为民主建国会的代表出席了会议,被选为第一届全国政协委员兼副秘书长。10月1日,毛主席在天安门向全世界宣布:中华人民共和国成立。施复亮站在天安门城楼上,听到毛主席的"中国人民站起来了"的洪亮声音,感动得热泪盈眶,下决心要多做工作,报党报国,以弥补自己过去犯过的错误。

1949年10月19日,中央人民政府任命施复亮为中央人民政府劳动部副部长。他十分感谢党对他的信任,表示:"我只有肝脑涂地,尽心竭力做去。"在任劳动部副部长期间,他按照周恩来总理的要求,利用自己的学识、经验和在工商界的人际关系及影响,为团结、教育、改造民族工商业者做了大量工作。除了劳动部的工作,施复亮还是民主建国会的主要负责人之一,先后担任民建中央委员会常务委员、副主任委员等职。因此,他以劳动部副部长和民建中央副主委的双重身份,在改造民族工商业者、调整劳资关系、创建新中国劳动保障制度和宣传贯彻党的总路线等方面做了大量工作,发挥了积极作用。

1954年9月,施复亮参加了第一届全国人民代表大会,被选为全国人大常委会委员。正在他想把余年全部贡献给党、努力为人民多做一些事情的时候,却因操劳过度导致半身瘫痪,不得不进医院治疗,医生要他出院后作较长期的休息。在他瘫痪后,毛主席、周总理曾多次当面关怀过他的病情,使他深受感动。他深感自己已经瘫痪,不能正常上班,就不能再担任劳动部副部长的职务,于是,他在1954年10月主动辞去劳动部副部长的职务,以免给党和国家的事业造成损失。

经过一段时间的治疗,施复亮的身体有了一些好转,他又开始参与民主建国会的工作,主要是进行调查研究。全国政协原副主席孙晓村在《亲切教诲永铭心头——回忆与毛主席的几次交谈》一文中写道:"1956年党号召整风,希望大家提意见。那年五一节在天安门城楼上,毛主席对施复亮同志说:'出去跑跑,听听意见,人民对你们比较肯讲真心话,这样对我们党整风有帮助。'复亮告诉了我,后来他出去跑了不少地方,确是大有收获,向中央作了反映。"施复亮从1954年辞去劳动部副部长后,一直担任民建中央副主任委员,为民建的发展和当好参政党尽心尽力。

施复亮的座右铭是:清以持身,明以治学。忠以任事,恕以待人。恒以成功,乐以处世。他一生克勤克俭,把节省下来的钱全部无偿捐献给国家和人民:新中国成立初期,为救济上海失业工人,他捐款1 145 000元(旧币);抗美援朝时,他捐出了当时的全部积蓄;在河北大水及邢台地震时,他各捐了2 000元;为支持越南南方民族解放阵线,他捐了22 000元……他时刻也没有忘记自己的家乡,新中国成立后他为家乡做的第一件事,就是写信给叶村村农会,要求将他家那座两层小楼房捐献给村农会办民校,还将自有的四亩地也捐献给民校,用以补充民校的办学经费;1969年,他在病重时,又将自己的多年积蓄2 000元捐给家乡建了一所小学。

1970年11月29日,施复亮不幸病逝。12月2日,民主建国会在北京八宝山革命公墓为施复亮举行了"告别仪式"。"告别仪式"由胡厥文主持,参加悼念的有中共中央统战部、全国政协及各民主党派的负责人,还有他的家人和亲友。其骨灰被安放在八宝山革命公墓第一室。

左翼文人　革命斗士
——冯雪峰传略

冯雪峰（1903—1976），原名福春，笔名雪峰、画室、洛阳等，浙江义乌人。现代著名诗人、文艺理论家。1926年开始翻译日本、苏联的文学作品及文艺理论专著。1927年加入中国共产党。1928年结识了鲁迅，编辑出版《萌芽》月刊，并与鲁迅共同编辑《科学的艺术论丛书》。1929年参加筹备中国左翼作家联盟（简称"左联"），后任"左联"党团书记、中共上海文化工作委员会书记。1933年底到瑞金任中共中央党校副校长。1934年参加长征。1936年春到上海，任中共上海办事处副主任。1937年回家乡，创作反映长征的长篇小说。1941年被捕，1942年11月下旬被营救出狱。1943年到重庆，在中华文艺界抗敌协会工作。1950年任上海市文联副主席、鲁迅著作编刊社社长兼总编。后调北京，先后任人民文学出版社社长兼总编、《文艺报》主编、中国作协副主席、党组书记。1955年被卷入"胡风事件"，在党内受到批判。1957年被划为右派。1966年被隔离批斗。1976年患肺癌去世。1979年中共中央为他彻底平反并恢复名誉。

一、起航晨光,湖畔歌唱

1903年,冯雪峰出生于浙江义乌赤岸乡神坛村的一个农民家庭,取名冯福春;1912年,入赤岸冯氏祠堂私塾读书;1919年,以第二名的好成绩考入金华省立第七中学师范科,接受"五四"新思潮;1921年,因带头参加反对学校当局专制的罢课抗议活动,被开除学籍。1921年,冯雪峰考入浙江省立第一师范学校,在美丽的西子湖畔,掀开了他人生新的一页。浙江省立第一师范学校是五四新文化运动在南方的主阵地,创立了许多政治、文化、文学方面的社团,冯雪峰在这里如鱼得水。冯雪峰同汪静之、潘漠华一起成立了一个新文学团体"晨光社",邀请了朱自清、叶圣陶、刘延陵三位老师做顾问,还有一些浙一师同学和其他学校的新文学爱好者也一起参与其中。冯雪峰在社团集会中阅读了汪静之的新诗,萌发了写诗的念头,一边上课读书,一边寻找自己写诗的感觉和内容。有一次,冯雪峰在学校的组织下,进到浙江省议会大楼旁听,回校后就写下《到省议会旁听》一诗,并刊登在《时事新报》副刊《学灯》上。第一次发表作品,冯雪峰显得很兴奋,晨光社的师生们也为他开心。在三潭印月的湖心亭茶室举行的晨光社雅集上,冯雪峰创作的小诗被社员们观摩传阅,朱自清和叶圣陶老师也鼓励同学们踊跃投稿。此后,冯雪峰写作新诗的兴趣更加浓厚,积极性也更高了,写下了《三只狗》《伊在》《睡歌》等新诗,并常与汪静之、潘漠华相互分享,与他们结下了深厚的友谊。

1922年3月的一天,冯雪峰刚上完课,汪静之来找他,说有个上海诗人应修人要来杭州玩,询问冯雪峰是否愿意一起。冯雪峰毫不犹豫地应下了。4月初,应修人来了,汪静之、冯雪峰和潘漠华陪同他一起游览一师校园和西湖风景。同为少年人,他们意趣相投,一边游玩,一边写诗,相互传阅,相互交流,十分欢乐。应修人临走前,提议与汪静之、冯雪峰和潘漠华共同成立一个诗社,大家都同意了。经大家讨论商议,诗社定名为"湖畔诗社",不定期出版诗集,先出版第一集《湖畔》,收录了四人的一些诗,其中冯雪峰的诗有17首。应修人走后,冯雪峰与他也常有书信往来,交流诗歌。4月底,冯雪峰与汪静之、潘漠华到上海,应修人带着他们四处游玩。在他们返回杭州后不久,5月4日,他们的合选诗集《湖畔》就在上海出版了。

二、闯荡北京,光荣入党

冯雪峰离开浙一师后,在上海中华学艺社当过事务员,又到浙江慈溪县立女子小学做代课教师。1924年秋,潘漠华考入北京大学预科。1925年春,冯雪峰来到了北京,来到了当时青年学子的圣殿——北京大学。为了能在北京大学旁听学习,冯雪峰过起了流浪者一般的生活。他没有钱租住处,只能睡在友人暂时空出的床铺上,常常在大学图书馆阅览室里避寒取暖,以烧饼充饥。他做过家庭教师、校对、故宫博物院的临时工等来赚钱。尽管冯雪峰的物质生活如此贫乏艰苦,但是他的精神生活非常丰富。冯雪峰在北大一面旁听各门课程或讲座,如饥似渴地吸收着各种知识和思想,一面又对日语产生了兴趣,用他惊人的毅力和勤奋自修学会了日语。同时,他又结交了一批志同道合的新朋友,如柔石、张天翼等,还有一些未名社成员。

　　冯雪峰在北京最大的收获是思想的飞跃,在此期间,他追求革命的意向越来越迫切。冯雪峰在与李霁野的交谈中表示,自己没见过李大钊,但读过李大钊在《新青年》上发表的几篇文章和一首小诗,觉得他的文章很朴实;也听到过有关他的革命活动和生活轶事,觉得他为人很淡泊,认为他才是真正革命的、理想的人。同时,冯雪峰也在严肃考虑自己的人生该何去何从。这是一个关键的时刻。他在1927年3月10日出版的《莽原》半月刊第2卷第5期上发表的散文中,借一个小学老师的内心独白,坦诚地倾诉心声,他已经认识到革命的危险性,但他仰慕为革命牺牲的先烈,也愿意向他们学习,这时冯雪峰已经明确表达了决定把自己的生命献给革命事业的心愿。1927年4月12日,蒋介石在上海屠杀大批革命青年和共产党人;4月28日,张作霖在北京杀害了李大钊等18位革命者。当冯雪峰在报纸上读到李大钊被逮捕杀害的消息后,十分震惊,脑子里有一两分钟好像失去了意识。在革命受到重大挫折的时候,冯雪峰没有退缩,而是在6月,由张天翼介绍,毅然在北京的中国大学加入了中国共产党。这一年,冯雪峰24岁,成为一名为共产主义事业奋斗终生的战士。

三、结识鲁迅,亦师亦友

　　冯雪峰与鲁迅的相识,不像他与瞿秋白,一见就投缘,他和鲁迅不但没有相见恨晚的感觉,而且有点格格不入。这两人都是主见甚深、不肯敷衍的人,他们从相识到相知,都经过了一番严肃的思考,是在实际的相处中改变了彼此最初的观念。冯雪峰与鲁迅最早的交集,是他与友人的诗集《湖畔》,后来冯雪峰也在北京大学听过鲁迅的课,去过一次鲁迅的家。但冯雪峰始终对鲁迅没有深刻的印象,他认为鲁迅是一个很矛盾的人,既非常热情,却又冷得可怕,既愿意为青年斩除荆棘,却又好像蔑视一切,因此他觉得鲁迅是很难接近的人。但是柔石改变了鲁迅与冯雪峰之间的关系。后来冯雪峰住在了离鲁迅家很近的地方,逐渐地增加了与鲁迅的交谈。冯雪峰会谈他对鲁迅作品的看法,鲁迅也会在闲谈中流露出自己的心情和看法。他们不仅闲谈文学作品和文艺观念,也聊一些青年问题、阶级斗争、人道主义、进化论等。冯雪峰感到,鲁迅,这位年长他22岁的著名作家,虽然不是一个共产党员却倾向革命,是一个唯物论者,甚至可以说是一个马克思主义者,一个站在工农大众一边的战士和思想家。他从鲁迅身上学到了很多,他曾不止一次地对人说过,他一生中最钦佩的人是鲁迅与毛泽东。鲁迅去世时,也是冯雪峰主持了鲁迅的治丧工作,并著有《鲁迅先生计划而未完成的著作》《关于鲁迅》《思想的才能和文学的才能——鲁迅逝世十四周年》《鲁迅著作编校和注释的工作方针和计划草案》等文章。

　　"酒逢知己千杯少,话不投机半句多。"相识、相知是一种缘分。鲁迅与冯雪峰,这对相差22岁的师生,他们意气相投、亲密无间,他们的友谊是文学史上的佳话。鲁迅逝世后冯雪峰自觉地把继承和发扬鲁迅精神作为自己主要的责任,直到他生命的最后一刻。他们的友谊的确是生死不渝的。

四、成立"左联",引领文艺

　　20世纪30年代的上海是一个国际大都会,汇集了大批的文化人,产生了各种不同的文艺观点,不可避免地也出现了一些矛盾。创造社和太阳社提出了"无产阶级革命文学"的口号,但粗暴地给鲁迅扣上了罪名。1929年秋,党中央宣传部的李富春对阳翰笙表示:批评鲁迅是不正确的,要立即停止论争,与鲁迅团结起来,发挥他的作用。至此,党中央做出停止攻击鲁迅、筹建"左联"、团结和发挥鲁迅作用的决定并且要求执行。直接贯彻这个决定的是潘汉年,而冯雪峰负责与鲁迅进行联系,因为冯雪峰已与鲁迅建立起了友谊,得到了鲁迅的信任。于是,冯雪峰去同鲁迅商谈,鲁迅完全同意成立这样一个联合了各界进步力量的革命文学团体,同时说"左翼"二字还是用好,这样旗帜更鲜明。1930年3月2日,中国左翼作家联盟正式成立,冯雪峰作为"左联"筹备小组成员和发起人,也做出了许多贡献。"左联"成立后,冯雪峰将鲁迅在成立大会上的讲话《对于左翼作家联盟的意见》整理成文,经鲁迅审阅,发表在《萌芽》月刊。1931年2月,冯雪峰调任"左联"党团书记,主持"左联"工作。此时正值"左联"五烈士壮烈牺牲之时,国民党查禁进步书籍、查封书店、屠杀进步作家,"左联"受到严重打击。冯雪峰临危受命,勇挑重担,上任后,致力加强"左联"的领导,从思想上和行动上都尊鲁迅为"左联"的首脑和革命文化战线的主帅。冯雪峰主持"左联"的时期,是鲁迅的主帅作用发挥得最好的时期。同时,冯雪峰又争取了瞿秋白参与"左联"的领导工作,正由于有瞿秋白对"左联"的马克思列宁主义的思想领导,工作才更有定向。冯雪峰还动员茅盾担任"左联"的行政书记,他们紧密合作,相互信赖和支持,组成了强有力的领导核心。虽然当时党在白区的工作损失殆尽,但左翼文艺却蓬勃发展,这个时期成为"左联"历史上最辉煌的时期。

五、结识润之,艰苦长征

在冯雪峰顺利完成筹办远东反战会议的任务后,国民党特务对他的监视更加严密。由于叛徒的出卖,冯雪峰的处境十分危险,于是党中央和中共江苏省委决定调他到中央苏区工作。1933年12月中旬,冯雪峰从上海出发,12月下旬抵达江西瑞金。1934年,瞿秋白赴瑞金,与冯雪峰在苏区相聚。这个时期,冯雪峰与毛泽东的关系非常融洽,几乎无话不谈,他们谈的最多的就是鲁迅,冯雪峰对鲁迅的熟识熟知,使毛泽东对鲁迅有了比较全面和深入的了解。当时毛泽东与冯雪峰除了谈鲁迅以外,还向冯雪峰诉谈他对三个儿子的思念。听说有人看到毛泽东的儿子在上海街头流浪,因此毛泽东对上海来的人特别关切,很想打听儿子的下落。冯雪峰虽然在上海从事地下工作多年,但因当时是单线联系,并不知道毛泽东儿子们的消息,面对毛泽东的询问,提供不出一点儿线索,看到毛泽东忧虑的神情,他完全能够理解一个父亲的感情。因此,冯雪峰就决心有朝一日若能重返上海,一定要替毛泽东去寻找儿子,让他们能父子团聚。

1933年10月,蒋介石集中了50万军队对中央苏区进行第五次"围剿",由于以博古为首的"左"倾领导者的错误指挥,红军损失惨重,红色根据地危在旦夕。1934年10月,红军突围转移,开始了二万五千里长征。冯雪峰也随军出发,任红九军团地方工作组副组长。队伍出发时,冯雪峰和大家一样穿着草鞋,带上自己亲手缝制的军用粮袋,除了最简单的必需品外,还带上了瞿秋白赠送给他的灰色长衫。遵义会议后,冯雪峰在1935年2月被调至红色干部团上干队担任政治教员,得到重点保护,他利用行军的休息时间上政治课,讲中国革命的基本问题,讲苏联红军和苏联社会主义建设的情况。冯雪峰在长征途中,全凭着自己的两条腿徒步,从未有过马匹代步,走过了江西、福建、广东、湖南、广西、贵州、云南、四川、西藏、甘肃、陕西十一个省,渡过了湘江、乌江、金沙江、大渡河等天险,翻过了雪山草地,在饥寒交迫、浴血奋战中经受住生死的考验,终于艰难地走过了二万五千里,胜利到达陕北。

六、中央特派,"陕北来人"

1934年后,国民党为了配合对中央苏区的军事"围剿",对白区的地下党也加紧了破坏,上海地下党损失严重。因此红军长征胜利后,冯雪峰被党中央派遣到上海工作。当时环境险恶,真名需要保密,所以冯雪峰被称为"陕北来人"。到上海后,冯雪峰立刻投入工作,夜以继日,不辞辛劳。他在一个星期之内,见了茅盾、宋庆龄、沈钧儒、史沫特莱等人,传达党的抗日民族统一战线政策,宣传红军和长征,争取各方面对陕北的支援。他一方面忙着与各界救亡运动及各方面联系,另一方面忙着收集情报,开辟一条通往陕北的秘密通道,使党中央与上海的地下党接上关系。1936年8月,中共驻上海办事处建立,潘汉年任主任,冯雪峰任副主任,除参加一些统战和情报工作外,冯雪峰主要负责同地下党组织和党员与文艺界联系,直到1937年才离开。在此期间,冯雪峰的各项工作都完成得比较顺利,只是在文艺界方面出现了一些矛盾。

此外,冯雪峰在以"陕北来人"的身份从陕北瓦窑堡重返上海,为积极完成党的任务而忙碌的同时,还想起毛泽东多次说起在上海失落儿子时的神情,便想尽办法打听这几个孩子的下落,终于知道毛泽东的儿子寄住在董牧师家中,地址在公共租界西藏路泥城桥一带。1936年5月,冯雪峰已找到了毛泽东的儿子岸英和岸青,他考虑到上海不是他们的安全之所,他们生活在敌人的眼皮之下十分危险,而毛泽东日理万机,革命事业千头万绪,没有时间去照顾儿子,所以决定把两个孩子送到苏联去,接受良好的教育,从而健康成长。当时冯雪峰派了党员杨承芳去联络莫斯科的党组织,同时把岸英和岸青托付给杨承芳。后来杨承芳回上海向冯雪峰汇报,是康生将孩子带到莫斯科去了。冯雪峰替毛泽东完成了心愿,把两个孩子平安地送到莫斯科,让他们过上了安定的生活。

七、被困狱中,矢志不渝

1937年全面抗战后,第二次国共谈判期间,冯雪峰与博古因统战问题发生激烈争辩。冯雪峰一气之下,回到家乡义乌神坛村完成了有关红军长征的长篇小说《卢代之死》的初稿,后遗失。1941年,皖南事变后,国共关系再度紧张,国民党特务因一封提到"国际新闻社金华分社"被查封的信,追查到了冯雪峰,将他逮捕到金华宪兵连,后移送至上饶集中营。冯雪峰当时使用假名冯福春,编造了一个假履历,敌人一无所获,但仍然把他关进了茅家岭禁闭所。冯雪峰进茅家岭后,就染上了病,连日高烧,生命垂危,靠郭静唐倾囊相助才被抢救回来。冯雪峰在上饶集中营面临酷刑、疾病、苦役、死亡的威胁,受尽了磨难。敌人经常用集体惩罚折磨"囚徒",深更半夜吹紧急集合号,要求整队在操场上跑步,冯雪峰病后身体衰弱，在被迫跑步时昏倒在地上。在一个雷雨交加的夜晚，冯雪峰的左胸部被压坏了，患处病情不断加重，但敌人始终不给他治疗。幸亏难友中有一个叫毛鹏仙的人，原先是一位医生，慨然为他治伤。没有手术刀，没有消毒液，没有麻药，就用一把刻图章的小刀，给他动了手术，放了脓。冯雪峰忍受着不用麻药开刀的痛苦，咬紧牙关，挺了过来，创造了一个奇迹。但是由于在牢中没有消毒的条件，伤口又受到细菌感染，他又患上了肋骨结核病，病痛一直伴随着他。

冯雪峰虽然身体被囚禁，也隐瞒了身份，但他的心中从未忘却作为一名共产党员的责任。他与狱中的共产党员建立了秘密联系，一起团结战斗。有新的"囚徒"进来，他主动地去关心。他向难友们讲长征、讲党史，讲长征途中毛泽东用兵如神、化险为夷的事情，以他的亲身经历使大家坚定革命必然胜利的信心。他还教难友学日文，讲《红楼梦》，谈高尔基、罗曼·罗兰等外国作家。在阴暗潮湿的狱房里，冯雪峰以他渊博的知识、必胜的信心传播马列主义，使难友们在最灰暗的日子里增长知识、磨炼意志，同时自己还不忘坚持写诗。冯雪峰和难友们一起利用办壁报做宣传，用巧妙隐晦的手法，图文并茂地教育和鼓励大家团结一致，讽刺和打击敌人。虽然他身体衰弱，无法逃亡，但他一直帮助年轻的"囚徒"越狱。

1942年日本侵略军逼近上饶，冯雪峰等"囚徒"被押解到建阳。11月，在郭静唐等人的帮助下，冯雪峰被保释出狱。在集中营经受了两年折磨的他，不满40岁却已变成了一个身体虚弱的枯瘦老人。

八、重返上海，风采依旧

抗战胜利后，周恩来派冯雪峰再返上海，以个人名义做统战工作，写文章，参加文化界活动。这个时期，冯雪峰虽然没有党内职务，但总是尽心尽力为革命事业而努力，也正因为他没有担任工作，生活来源主要靠写作，所以他写了大量的杂文、寓言和回忆类文章。1949年5月25日，上海解放，冯雪峰也有了新的工作，任上海市人民政府委员会委员、华东军政委员会委员、上海文联副主席、《文艺创作丛书》编辑委员会主任委员、鲁迅著作编刊社社长兼总编辑等职务，更加忙碌了起来。1951年，北京筹建人民文学出版社，冯雪峰任社长兼总编辑，挑起了这副许多人不愿意挑的担子。冯雪峰将主要精力放在党的出版事业上，服从党的安排，自觉地把个人创作放在最后，担起出版的重任。应人民政府出版总署决定，冯雪峰带领改组后的鲁迅著作编辑室，在短短几年里，将鲁迅全部的创作、翻译、书信、日记等根据其手稿或初版作了校勘，征集了大量鲁迅佚文和书信，整理了鲁迅辑录和校勘的古籍，对鲁迅的创作和书信作了翔实的注释，对《鲁迅日记》中所涉及的人物作了访问，为撰写《鲁迅传记》搜集了有关材料。此后，他还出版了许多鲁迅著作，并推动建立上海鲁迅纪念馆。整理和出版革命烈士遗著也是冯雪峰的一项重要工作，他对方志敏、瞿秋白等人的遗稿遗著都进行了认真严肃的审读、编辑，这不是为了私人友谊，而是出于他内心对革命事业的感情，出于对贡献了自己生命的烈士的崇敬。

九、风云突起,惨遭厄运

1954年9月30日,《文艺报》转载了青年学者李希凡、蓝翎写的《关于〈红楼梦简论〉及其他》一文,并发表了冯雪峰所写的《编者按》。1955年,全国开展了对"胡风反党集团"的批判运动,冯雪峰保持了沉默,尽管他不参与批判,但他仍然被卷入"胡风事件",在党内受到批判,并做了检讨,最后被定为"胡风思想同路人"。从此,他在文艺界的政治地位和影响日渐下降。1957年夏天,反右派斗争开始了。7月下旬,丁玲、陈企霞被打成"丁、陈反党小集团",很快就牵连到冯雪峰头上。8月14日,在中国作协党组扩大会议第十七次会议上,冯雪峰被激烈批判。8月27日,中共中央机关报《人民日报》头版通栏发表了《冯雪峰是文艺界反党分子》的报道,他和丁玲、艾青等一批知名作家被戴上了"右派分子"的帽子。1958年2月,开除冯雪峰党籍的决定传达到人民文学出版社,中共人民文学出版社支部通过了"开除冯雪峰出党"的决议。4月,经中共中央监委批准,冯雪峰被开除党籍,撤销人民文学出版社社长兼总编辑职务,撤销作协副主席、全国文联常务委员、全国人民代表职务,工资由文艺一级降为文艺四级。

如果说,在对《红楼梦》研究批判和对胡风的批判中,冯雪峰受到的牵连还不致命,那么反右派斗争,确给了冯雪峰致命的一击。在政治生命上,他成了"反党反人民的罪人",被开除了党籍;在文学道路上,他从此被剥夺了写作和发表文章的权利,从现代文学史上被删去了名字,他被无情地逐出了文坛。

十、遗憾离世,低调追悼

1975年年底,一个寒气逼人的下午,陈早春到冯雪峰家拜访,向他辞行。冯雪峰身体虚弱,疲惫无神。他似遗言一般对陈早春说:"看来,我怕不久于人世了,吃什么药也不顶用。"又强装笑颜地说:"人总得一死,这是自然规律,没有法子的。只是我以前从未想到死,生平还有三件事没有赶着做完。"说到这里,他的话已失声,很是费劲,但他还是强打起精神以低弱嘶哑的嗓音,继续把话说下去:"第一,看来,我难以等到自己的组织问题得以解决的那一天了!我如果能多活几年,相信是可以得到解决的。第二,关于鲁迅的文章,这几年把想写的文章,刚想出了一个眉目,一篇也没有动笔写。本来是有话可以写的。第三,关于太平天国的小说,我是总想弄完的,现在怕只能撒手不管了。中国这么大,作家这么多,有无我这本书,也没有什么关系,只是我始终相信,这本书写成了,多少可以给创作界添补一点新东西。"

1976年1月8日,周恩来总理去世,噩耗传来,山河肃立,大地哀恸。在悲愤欲绝的心情下,冯雪峰的病情迅速恶化。1月28日,他感冒发烧,精神更加萎靡。1月30日除夕,冯雪峰因肺炎引起的并发症导致心力衰竭,被紧急送进首都医院抢救。深夜时分,其子冯夏熊当着清醒的冯雪峰的面,向人民文学出版社的负责人再次申述了父亲要求回到党内的心愿。从第二天早晨开始,冯雪峰陷入了昏迷状态,呼吸越来越微弱。近中午,冯雪峰离开了这个使他如此心碎而又如此眷恋的世界。2月16日,冯雪峰的追悼仪式在八宝山革命公墓礼堂秘密举行,但闻讯的亲朋好友依旧纷纷赶来追悼。他的骨灰盒上书写了醒目的大字:冯雪峰,诗人、作家,毕生信奉共产主义。1979年,冯雪峰去世后的第三年,中共中央恢复了他的党籍和政治名誉,实现了他生前的愿望。11月17日,冯雪峰的追悼会在北京隆重举行,参加追悼会者共达1 000多人,叶圣陶亲笔在冯雪峰的骨灰盒上题写——"中共党员冯雪峰同志 1903—1976"。会后,冯雪峰的骨灰盒被护送至八宝山革命公墓第一墓,上面覆盖着鲜红的中国共产党党旗。2003年,冯雪峰诞辰100周年之际,他的骨灰又被移葬到其故乡义乌神坛村。

中篇　纪事

邵飘萍大事记

1886 年
10 月 11 日(农历九月十四日)出生于浙江东阳县大联乡紫溪村。

1887 年
1 月,举家迁居金华,先落脚于东市街,后租住樵楼巷芝英考寓。

1890 年
随父入私塾就读,聪明过人,过目成诵。

1892 年
回东阳,进紫溪私塾就读。

1893 年
屡被郡守继良及知县王某差衙役背、抱入衙答对、作诗,在金华渐有名气,有"奇才""神童"之誉。

1894 年
随父在金华农村唐宅私塾就读。

1895 年
随父在金华农村天姆山私塾就读,习四书五经,喜历史书,能背诵《史记》《左传》中诸多名篇。

1896 年
随父在金华农村石门私塾就读,知识日丰,才智日进。

1899 年

父亲为其取学名"邵锡康"。参加府试,考中秀才,年仅14岁。考官嫌其名字欠雅,为之改名为"镜清"。

1900 年

随父回紫溪祭祖、开贺、拜客,为一生中最后一次回出生之地。

1903 年

进省立第七中学(今金华一中)。

1906 年

秋,肄业于省立第七中学,以邵锡康之名考入浙江高等学堂师范科。在学期间,成绩优良,同窗有陈布雷、邵元冲、张任天等。课余,积极模仿梁启超"笔下常带感情"的政论文章,常给上海《申报》等报写杭州、金华地方通讯。

1907 年

年初,秋瑾到绍兴大通学堂主持校务,此后便经常活动于沪、杭军学两界,邵飘萍与之建立通信联系。

7月15日,秋瑾被清廷杀害。秋瑾被捕前曾于7月10日寄信给邵飘萍,等其收到秋瑾的信后,得悉秋瑾已被杀害,为之感叹不已。时邵飘萍与徐锡麟等均有联系,并搜罗秋瑾等人事迹。

1908 年

浙江高等学堂开运动会,与陈布雷、张任天一起合作办《一日报》,初次尝试办报。《一日报》为蜡纸版,十六开油印而成,共出二十余期,每期印一百二十多份,分发给先生、同窗和社会名流,很受欢迎。

是年,作文痛斥张之洞的《劝学篇》,受校方严厉训诫,险被开除。继续为《申报》写地方通讯。

1909 年

夏,从浙江高等学堂毕业,受聘于金华中学堂教授国文、历史。

秋,由父母做主,娶金华苏孟乡朱店村人沈小仍(1891—1923)为妻,生二子三女。

《申报》聘其为特约通讯员,司杭州、金华之地方通讯。

1910 年

继续受聘于金华中学堂,兼课长山书院,并为沪杭诸报司地方通讯。长女乃贤出生。

1911 年

11月7日,浙江军政府成立,宣布浙江光复。不久,邵辞去金华中学堂职务赴杭寻找办报机会。

12月,浙江都督府组织日报馆,设在前浙江官报局内,拨开办费6万元,在原《浙江白话新报》基础上筹组《汉民日报》,社长杭辛斋聘邵为《汉民日报》主编。18日,《汉民日报》正式发刊,起浙江都督府机关报的作用。

1912 年

年初,与汤修慧(1890—1986)在金华酒坊巷16号汤宅成亲①。

1月3日,《汉民日报》正式发刊,社址、编辑部设在杭城焦旗杆,印刷科、校对科另设于上扇子巷,附于官书局内。

1月22日,《浙江军政府公报》创刊,经理马叙伦、总纂杭辛斋、编辑邵飘萍。

1913 年

春,杭辛斋被选为众议院议员赴北京,《汉民日报》交由邵兼主笔及经理,邵当时还兼任《申报》《新闻报》的特约通讯员。不久,被浙江新闻界推为省报界公会干事长。

袁世凯曾派人两次谋刺邵飘萍,未遂。

8月10日,因《汉民日报》大力抨击袁世凯对内破坏民主、对外丧权辱国大借款等,引起当局不满,邵被都督朱瑞以"扰害治安罪"和"'二次革命'嫌疑罪"逮捕入狱,《汉民日报》也遭查封。

8月中旬,经汤修慧活动,被营救出狱,由陆路回金华小住,为其一生中最后一次回成长之地。再由父及汤夫人陪同从兰溪乘船赴杭,住下城头巷32号。

8月下旬,由杭经沪登程,急赴日本东京法政大学,学习法律政治。与同窗潘公弼、马文车组织成立"东京通讯社",为京津沪各报撰写东京通讯。

1914 年

8月21日,朝日新闻发表"中日新协定书",邵立即电告国内,提醒国人警惕日本的野心。

10月9日,写七律两首,赠夫人汤修慧。

本年,曾登门拜访孙中山先生,并结识了黄兴、陈其美、李大钊、章士钊等人。

1915 年

2月上旬,外电详细披露袁、日秘密进行"二十一条"交易的内幕,邵立即电告国内。同

---

① 这一时间有争议。另据邵飘萍夫人汤修慧自己的回忆说是1906年结婚,并称邵飘萍是1902年考入浙江高等学堂,并于1905年毕业回金华教书,参见浙江省东阳县委员会文史资料工作委员会编:《东阳文史资料选辑:第二辑(邵飘萍史料专辑)》,内部发行,1985年,第26页。

时,李大钊为留日学生总会撰写《警告全国父老书》。在反对"二十一条"中,邵、李一揭一呼。

12月下旬,应上海新闻界联合电邀,毅然放弃学业归国,返沪主《时事新报》笔政,亦稿发《申报》《时事新报》,投入护国讨袁斗争。

1916 年

1月4日,撰《顺逆辨》,首次署名"阿平",敬告国民辨顺逆,支持云南义军,声讨袁贼。1月4日至6月7日,仅《时事新报》,署名"阿平"发社论36篇、时评134篇,高举讨袁大旗。"阿平"名扬全国舆论界。

7月13日,赴霞飞路尚贤堂,应邀出席沪上国会议员谈话会,第二次见到孙中山。

7月下旬,将《时事新报》《申报》《时报》等报纸事务交由刚从日本归国的潘公弼接手。31日,离沪赴京就任《申报》驻京特派记者,为中国新闻史上第一个享有"特派员"称号的记者。

8月2日,抵京。

是月,因感外国通讯社任意左右我国新闻,在北京南城珠巢街自办"新闻编译社",为国人自办通讯之始。

本年共计发"北京特别通讯"56篇。

次女乃偲出生。

1917 年

年初,因章士钊与《甲寅》杂志社经理陆鸿达暂回湖南处理事务,受托代管《甲寅》,一些内幕消息,在此刊发布。

2月,所著《实用一家经济法》由商务印书馆出版发行。

3月6日,访段祺瑞于府院胡同之私邸。

6月,识无锡前州乡西塘村人祝文秀。

7月1日,因张勋复辟,新闻编译社被迫关闭。

7月15日,新闻编译社恢复发稿。

长子贵生(宗谱上为桂生)出生。

1918 年

春,获悉蔡元培计划开设新闻讲演会,乃致书以促其成。

秋,辞去《申报》驻京特派记者职务,与潘公弼一起筹组《京报》。

10月5日,创办《京报》、附刊《小京报》,自任社长,创办目的为"必使政府听命于正当民意之前"。在《京报》编辑室里手书"铁肩辣手"四个字,勉励同仁"铁肩担道义,辣手著文章"。社址初设于珠巢街,稍后移至新华街小沙土园。

10月14日,北京大学新闻研究会成立,邵与蔡元培先生一起到会祝贺。会址设在北京沙滩东口红楼34教室。邵担任导师,每星期日上午10—11时,讲授"新闻学总论"。

10月20日,"学生救国会"在北京大学组织起《国民》杂志社,邵和画家徐悲鸿任顾问(李大钊任指导,邓中夏任编辑),成立当天,邵出席并发表演讲。

11月3日,首次去红楼34教室,开讲"新闻社之组织"。

1919年

2月,在北京大同公寓与祝文秀结婚,先后寓居于羊皮市胡同、下洼子和刚家大院等处。

2—3月,毛泽东多次到邵家拜访。

3月6日,《京报》刊登广告,《国民》杂志第1卷第2期出版。

5月3日晚7点,赴北大法科礼堂,出席13所高校千余学生参加的学界大会,发表演说,向与会者报告中国代表团在巴黎和会外交失败的经过和原因,疾呼救亡图存、奋起抗争。

5月4日上午,赶往堂子胡同国立法政专门学校,参加北京各校学生代表部署游行之集会,再次发表演说,报告巴黎和会经过和我国外交形势。

8月22日,因邵大量揭露北洋政府的卖国罪行,惹怒了当局,段祺瑞下令查封《京报》,并派军警包围京报馆。邵避入东交民巷六国饭店,然后秘密辗转天津,终抵上海。段祺瑞以"扰乱京师治安"为罪名,照会公使团引渡,并行文全国通缉邵。

9月,为避风头,经报友张季鸾推荐,接受日本大阪朝日新闻社之聘请,第二次东渡日本,担任朝日新闻顾问,聘期为冬夏两期,月薪是日币300元。

次子祥生出生。

1920年

3月,李大钊、高君宇、邓中夏、罗章龙等人发起组织马克思主义研究会,邵竭力相助。

春,妻子祝文秀去日本与邵团聚。

4月,所著《综合研究各国社会思潮》一书由商务印书馆出版发行。

7月,所著《英日同盟之研究》一书由上海泰东图书馆出版发行。

7月,北洋政权更替,段祺瑞下台,曹锟、吴佩孚上台。邵即刻辞去朝日新闻社工作,与祝文秀经朝鲜返国到北京。

8月,所著《新俄国之研究》由日本东瀛编译社出版发行。

9月17日,《京报》复刊,新报馆落成后,邵亲自为报馆题字,并把报馆照片制成明信片分赠各方。

1921年

元旦,发行《京报》特刊。在邵的精心设计下,多个祸国殃民的军阀照片在特刊上一一示众,邵也无所畏惧地刊登自己的照片。特刊一出版即被读者抢购一空。

8月28日,赴金鱼胡同海军联欢社,出席太平洋会议后援同志会成立大会,被推举为理事。

1922 年

1月上旬，为改良《京报》之印刷质量，自购印机，集资筹办昭明印刷厂，地址设在琉璃厂前孙公园东夹道二号。

3月26日，《京报》始由自办昭明印刷厂承印，每晨6时出报。印刷厂对外营业，承印一切印刷品。

4月9日，马克思主义研究会决定，以会员个人名义发起非宗教运动，组织非宗教同盟，刊印《非宗教论》一书。该项印刷、铸版均由邵所主办的昭明印刷厂承印办理，义务援助。

4月30日，参加中央公园之废战裁兵演说会，并在宣布开会后发表演说，申明宗旨。

5月，中国劳动组合书记部由上海迁至北京，其机关刊物《工人周刊》获邵多方支持。

6月20日，出京赴杭，为其一生中最后一次回浙江。

6月23日，与浙江省省长沈叔詹会谈。

8月12日，苏俄政府代表越飞率员到京，邵亲撰《京报》评论文章，欢迎苏俄代表，力倡中苏建交。

8月17日，出席越飞招待中国新闻界诸君的会议，并继来宾演说后略述意见。

8月22日，召金华及所属县旅京同人，为壬戌水灾急赈之事，在京报馆协商办法。

9月13日，中共中央机关刊物《向导》创刊，随后《京报》以广告的形式详细刊登《向导》的每期目录，对中共北方区执行委员会的机关刊物《政治生活》也作同样报道。

9月15日，参加在京报馆召开之浙江金华及所属县急赈会，并垫支会前所有筹费。

幼女（三女儿）乃奇出生。

1923 年

1月7日，《京报》积极宣传1922年12月30日苏联召开的第一次苏维埃代表大会，以大字标题做了报道，又陆续刊登该会相关文章，并进行赞扬。积极介绍刊物《向导》《政治生活》，刊登李大钊、瞿秋白的演讲和文章。

1月9日，夫人沈小仞卒。

1月16日，《京报》附刊《北大经济学会半月刊》全文刊载李大钊在北大经济学会上的讲演《社会主义下的经济组织》。

2月1日，《京报》附刊《教育新刊》登载从苏俄归国不久的瞿秋白的文章《苏维埃俄罗斯之教育政策》。

5月5日，马克思诞辰105周年之际，《京报》公开发行马克思主义研究会编辑的《纪念马克思特刊》，免费赠送订户。

5月，"文虎"（罗章龙）主编的宣传小册子《京汉工人流血记》由《京报》出版发行。

9月，《京报》附设之昭明印刷厂印刷出版《实际应用新闻学》，本书为中国历史上第一部研究新闻采访工作的专著。

北京平民大学创办报学系（一说新闻系），4年学制，聘邵为教授。

1924 年

春，受聘于国立法政大学政治科开设的新闻科，讲授采访学、报纸的编辑、经营管理等。秘密送外甥女王宝英去莫斯科东方大学学习。

3月30日，《京报》发行《列宁特刊》，免费赠送订户。

6月12日下午3时，应苏联驻华首任大使加拉罕之约，赴官场胡同俄代表公署详谈。

6月19日晚8时，设私宴于中央公园来今雨轩，招待加拉罕大使，又特制"精神可师"锦幛敬赠苏联驻华大使馆。

夏，所著《新闻学总论》出版发行。

7月初，兼任北平务本女子大学校长，组织董事会，修改学制，扩充班次，增聘教授，迁移校址，添设资料器材。

12月5日，《京报副刊》创刊，请孙伏园为主编，鲁迅的大量文章先后在《京报副刊》刊出。

12月16日，作为《京报》副刊、以摄影图片为主的《京报·图画周刊》创刊，成为继《时报·图画周刊》之后的第二家摄影画报。

冬，与鲁迅相识，鲁迅曾造访邵家。

1925 年

春，由李大钊、罗章龙两位同志介绍，秘密加入中国共产党。

年初，《京报》扩充副刊，除每日有《京报副刊》外，还增设12种周刊。

2月15日，《京报》副刊《西北周刊》创办，由西北边防督办主办，刊出"冯玉祥赠飘萍先生惠存"近影。

2月24日，应邀到北京妇女国民会议促成筹备会演讲。

5月30日，五卅惨案发生，邵飘萍是沪案失业同胞救恤会（一说救济会）的发起人与董事之一，又是中国济难会的董事，为救济失业工人、雇工，做了许多工作。

6月7日，与《京报》编辑部同仁在观音寺街福兴居召开紧急会议，决定撤销英、日的所有商品广告。

6月9日，《京报》刊出"停止英、日一切广告声明"。

6月13日，赴中央公园参加沪案救济会成立大会，被推为评议员。

9月14日，敬告读者，《实际应用新闻学》和《新闻学总论》再版千部。

11月27日，被冯玉祥聘为西北边防督署高等顾问。

12月上旬，愤然退回张作霖为封其笔而汇来的30万大洋收买款。

1926 年

3月18日，"三一八"惨案发生后，立即派记者赶赴现场采写，且亲自访问权威人士，至深夜回到报社，疾书讨段檄文。

3月19日晚，赴女师大，给烈士刘和珍拍照，向石评梅约稿，归后又撰20日之社论。

3月23日，参加在北大三院大操场上举行的"三一八"死难烈士追悼会，在大会主席陈毅同志慷慨陈词后登台演讲,给陈毅留下极深刻的印象。

3月26日,段祺瑞执政府下令通缉48人,邵飘萍位列第16位,白色恐怖笼罩北京。

4月,在亲友再三劝说下,进东交民巷六国饭店暂避,报馆事务交夫人汤修慧负责维持。

4月24日,邵飘萍拟回报馆料理报务,事先向《大陆报》社长张翰举说明,张满口以人格担保不会出事。下午5时,邵返回京报馆处理事务,留下"飘萍启事"绝笔。6时,邵离开报馆复入城,因张翰举出卖,在魏染胡同口被预设埋伏的警察厅侦缉队所捕。

4月25日,北京新闻界推刘煌等13名代表出面营救,再三与张学良及警方交涉,谈判3小时后无果,代表含泪而归。

4月26日凌晨1时,被提至直奉联军总执法处严刑审问,以"勾结赤俄,宣传赤化"的罪名被判处死刑。凌晨4时许,被奉系军阀押至北京天桥刑场,临刑前昂首大笑,壮烈殉国。

金佛庄大事记

1897 年

生于浙江省东阳县横店乡良渡村的一个农民家庭。其父金本兰是一位忙时务农、闲时行医的乡村郎中,在东阳横店四乡颇具名气,但家境很贫寒。

1903 年

6 岁时,入老贡生金洪锦先生私塾启蒙;金先生去世后,又跟随老秀才吕松贵先生课读。吕老先生见其聪敏好学,文章写得很好,十分喜欢,亲自给他取了"金灿"的学名和"辉卿"的字,寓意其日后前程远大、光辉灿烂。

1910 年

抚养他的叔公去世,家境更加贫困,艰苦的环境促使金佛庄更加刻苦攻读。

1913 年

到湖溪忠清书院读高小。

1915 年

考入东阳县立中学,和后来成为著名科学家的严济慈是同班同学。两人均学习成绩优异,每次考试都要互相争夺第一名。同年,袁世凯签订"二十一条"卖国条约,他大受震动,痛心疾首,萌生舍去研究科学而从军报国的想法。

1918 年

中学毕业后,决心投笔从戎,通过考试被保定陆军军官学校录取,成为该校第八期步兵科军官候补生。因家里催婚而撰写《论婚姻问题》一文送给父亲,主张婚姻自主,反对包办婚姻。不久,还是遵从父命与严瑞珍结婚。

1919 年

5 月 4 日，五四运动爆发，金佛庄深受震动，决意另寻出路。

1920 年

7 月，直皖战争爆发。受此影响，保定军校一度停办。

1921 年

金佛庄重拾"科学救国"的梦想，转而考取厦门大学，成为厦门大学的第一届学生。在厦门大学求学期间，他自由接触、探索了各种新的学说和思潮。

10 月，告别厦门大学，重返保定陆军军官学校求学，挥笔写下以"手段与目的"为主题的《佛庄日录》，记载了自己比较、寻求人生真谛的探索过程，开始信仰马克思主义。

1922 年

在保定军校加入了中国社会主义青年团，开始投身于中国早期的共产主义运动，组织了"壬戌社"，发展革命力量，提出了一个分成三个阶段、逐步掌握军事实力以改造中国的方案。

7 月，以优异的成绩从保定军校第八期步兵科毕业，先在上海闸北淞沪护军使署当见习排长，旋即被分配到浙江陆军部队当见习军官，在浙军第二师陈仪部任排长。

8 月，经批准转为一名中国共产党党员，参与中国共产党杭州小组的组建工作。

9 月初，中国共产党杭州小组成立，这是中国共产党在浙江建立的第一个地方组织，金佛庄是最初的三名成员之一。其间，因宣传革命运动、传播革命思想，加之同志间通信泄密而被捕入狱，后经党组织加蒋百里、殷汝骊等名流人士多方营救获释。

1923 年

6 月，中共第三次全国代表大会在广州召开，金佛庄、于树德作为浙江的列席代表，与徐梅坤一起出席了会议。会后，与一批党团员一道执行党的决议，以个人名义，跨党加入了国民党。

1924 年

1 月，国民党一大在广州召开，第一次国共合作正式形成。中国共产党积极协助孙中山创办黄埔军官学校，培养新型的革命军事干部。金佛庄被党组织派到广州参加黄埔军校的创建工作。

6 月 17 日，被任命为军校第一期第三学生队上尉队长。

7 月 6 日，黄埔军校国民党特别党部成立，金佛庄被推选为特别党部的 5 名执行委员之一，成为周恩来在军校的得力助手。同时，成为中共黄埔特别支部的成员，为贯彻中共三大决议、发展国共合作的革命统一战线做出了重要贡献。其间撰写《军官的心理》一文，发表在 1924 年第 2 卷第 1/2 期的上海《新建设》杂志上，揭露北洋军阀统辖的旧军队黑暗、腐败的现象和本质,提出迅速建设新型革命军队的改革主张。

10月,率黄埔学生军积极参与平定广州商团事变。

12月,担任黄埔军校教导团第二团第三营营长。

1925年

2月,在中共黄埔特别支部主导下,以共产党员和青年团员为核心组建的青年军人代表会改组为青年军人联合会,金佛庄参与了成立宣言的起草工作。随后,率黄埔军校教导团第二团第三营参加第一次东征。

4月,国民党中央发布训令,以黄埔军校两个教导团为基础,建立国民党党军,出任第一旅第二团第三营营长。

5月,率部参与平定滇桂军阀刘杨的叛乱。

8月26日,国民革命军第一军成立,金佛庄任第一师第二团党代表,旋改任团长。廖仲恺被国民党右派密谋刺杀后,他又率部参加了坚决镇压反革命势力的行动。

1926年

3月,"中山舰事件"后,被调回黄埔军校,改任步兵第一团军事学总教官,兼改组委员长及法规编审委员长,负责编审黄埔军校的法规和制度。

7月,北伐战争开始。在国民革命军总司令部建立时,金佛庄重新受到重用,先被任命为总司令部参谋处副处长兼第三科科长。不久,又出任总司令部警卫团少将团长。其间,蒋介石因赏识其才华,企图利用"浙江同乡"的关系,几度拉拢,甚至威逼利诱,但他忠于党和革命事业,始终不为所动,并将有关情况向党组织如实汇报。同时,他又遵照党组织的指示,对国民党和蒋介石的动向进行秘密监视。

同年秋,率部增援围攻南昌的部队,身先士卒,攻克南昌外围蛟桥,压迫敌之侧背,会同各友邻部队,齐向南昌进发。

11月8日,再次攻克南昌,奉命率领警卫团入城,兼任南昌检查司令,设司令部于百花洲的贡院,安抚市民,维持城内秩序,深受百姓欢迎。

11月末12月初,南昌攻克后,孙传芳部仍盘踞在苏、浙、皖诸省,负隅顽抗。为争取北伐战争早日胜利,在其列席的国民革命军北伐总司令部首脑会议上,金佛庄主动请缨,表示愿意返回江浙一带,通过利用在浙军中的旧关系,秘密策动浙军部队迅速起义。

12月9日,与顾名世化装成上海洋行买办,自九江搭乘英国太古轮船,顺江而下,一则策反孙传芳部众起义,一则向中共江浙区委书记徐梅坤汇报工作。

12月11日,由于行踪泄露,船到南京下关码头,金、顾两人即被孙传芳早已部署在码头的宪兵逮捕。随后,获悉此事的上海国、共两党组织和同志们想方设法通过各种社会关系进行营救,甚至托当时的浙江省省长陈仪出面,向孙传芳说情疏通。蒋介石也特意亲自发电报给孙传芳,要孙善待,并提出可以用孙部被俘的高级将领相交换,但仍为孙传芳所拒绝。

12月12日,未经任何审讯,金、顾两人被孙传芳秘密杀害于南京雨花台,金牺牲时年仅

29 岁。金佛庄是中国共产党最早的军人党员之一,是中国共产党历史上第一个血洒雨花台的革命烈士,列南京雨花台烈士名录第一位。

1928 年

4 月,其遗骸入棺,寄柩于南京南门外一所寺庙内。

8 月,在下关车站广场举行追悼大会,会场中上方安置着金佛庄灵堂,上端悬挂着蒋介石挽赠的"为国捐躯"四个字的描红金漆巨匾,灵堂两旁挂着国民革命军高级将领书写的 42 幅挽联。追悼大会由陈诚主持,黄复兴宣读悼词。会后,与会者护送灵柩上火车抵浙江杭州。其墓本拟建在杭州孤山,但因"西湖附近山麓禁止营葬"明文出台而作罢。

1932 年

南京国民政府又批准将金墓建于南京灵谷寺烈士公墓内,因其妻严瑞珍认为墓穴简单而作罢。

1934 年

10 月,其妻严瑞珍再次来到杭州,雇员将丈夫灵柩自水路运回家乡,安葬于良渡村西牛尾山上,在外漂泊近 8 年的尸骨终于回到了家乡。

1945 年

4 月,中共七大召开前夕,金佛庄的名字被载入中共中央组织部编印的《死难烈士英名录》。

1964 年

浙江省民政厅下发《浙江省民政厅关于追认金佛庄为革命烈士的批复》(优字第 2056 号),金佛庄被追认为革命烈士,其家属颁发"革命牺牲军人家属光荣纪念证"。

1995 年

位于东阳市横店镇"水碓山"的金佛庄烈士陵园建成,占地 100 多亩,房屋建筑面积约 400 平方米,室外建筑面积约 2 000 平方米,总投资 500 余万元。陵园由石牌坊、卫士群像、烈士雕像、烈士故居、纪念碑、纪念馆、公园等部分组成。其中烈士故居原址在良渡村,系烈士母亲于 1928 年前后用抚恤金所建,两层 5 间普通民居,建筑面积 185 平方米,2000 年由原址搬迁到陵园内重建,以纪念这位中国革命的先驱者和优秀的共产主义战士。

2004 年

10 月 21 日,金佛庄烈士陵被浙江省委、省政府命名为"浙江省爱国主义教育基地"。

2011 年

金佛庄铜像在其母校浙江东阳中学落成,塑像由东阳中学校友、我国著名雕塑家朱惟精创作。

徐英大事记

1907 年
8 月 19 日，徐英出生于浙江武义县溪里乡水碓后村。

1912 年
5 岁时父母双亡，由姐姐徐月琴抚养。

1920 年
由二姐夫介绍到武义古竹一家南货店当学徒。

1921 年
先在桐琴一家染布店当杂工，后又由舅舅介绍到武义城里新兴染布店当杂工。

1925 年
经远房姑父介绍进入宁波美球针织厂当工人，并和一批新工人去上海福华丝边厂培训。受上海五卅反帝爱国运动影响，回到宁波后发动全厂工人成立工会，被选为第一任工会主席。

是年冬，由中共宁波地方委员会的组织部主任王小曼（即王家谟）介绍，加入中国共产党。之后，其又发展了许兰和其他几个工人入党。

1926 年
2 月，中共美球针织厂支部成立，徐英为支部书记，又担任了中共宁波地委交通联络员的工作。

10 月中旬，协助王鲲加强工会的组织建设，制定了《优待工人条例》，鼓舞工人斗志，还筹建了一支工人纠察队，成为宁波工人运动的领袖之一。

1927年

4月9日，宁台温防守司令王俊秉承蒋介石命令正式宣布戒严，发动"清党"。在这关键时刻，徐英和许兰毫不动摇，徐英担任地委机要联络员，许兰负责经管地委的机密档案。

6月22日，蒋介石又派"清党"要员杨虎、陈群从上海来宁波"清党"。其间，徐英被国民党反动当局逮捕，在监狱里坚贞不屈。后保释出狱，根据组织决定转移到郊区隐蔽。

夏天，根据省委意见，徐英、许兰和王家谟等同志一起到了杭州，继续从事党的地下活动。

11月，根据省委的决定，返回家乡武义，担任临时县委书记，把党组织重新恢复起来，将原来的临时县委组建为县委，并任县委书记。

1928年

8月，协助县委在金畈村召开扩大会议。会议根据他的意见，决定在武义成立东、西、南、北四个党的区委，分头从事农运和筹建农军工作。

11月底，调回杭州，任省委常委，负责职工运动。

1929年

1月16日，在中共中央代表彭湃同志的主持下，召开了中共浙江省委扩大会议，改组了省委，徐英被选为省委书记。这一时期，他先后到嘉兴、浙西一带检查和指导工作。

4月，党中央在上海召开浙江省委及各重要地区的负责人会议，17日作出《浙江问题决议案》，决定暂时撤销浙江省委，另行建立杭州、宁波、湖州、台州、温州和兰溪六个中心县委（或特支），直属党中央领导，并决定由徐英负责巡视浙东、浙南一带党的工作。

5月，到宁波再次领导宁波地区的革命斗争。

8月，中共宁波特支成立，徐英以中央巡视员的身份兼任书记。

7至8月，前往台州、天台、温州等地对党的工作进行检查和指导，并将当地党组织恢复和活动的情况及时报告给中央；参加台州地区党的活动分子会议，会上成立了中共台州中心县委。

12月17日凌晨，在君子道三街4号楼上被捕，押解杭州。

1930年

4月28日，被国民党浙江高等法院判处死刑，关在浙江陆军监狱内。

8月27日，连同裘古怀等19位同志一起牺牲于浙江陆军监狱。

2004年

4月30日，在徐英家乡水碓后村，由政府支持徐氏子孙捐建的总面积为1 000多平方米的徐英烈士纪念馆正式开馆。纪念馆设有徐英烈士事迹专题陈列，共分走向革命、回乡斗争、肩负重任、视死如归四个部分，详细介绍了徐英烈士生平。

潘漠华大事记

1902 年

12月6日,出生于浙江省丽水市宣平县(今金华市武义县)上坦村的一个书香家庭。

1907 年

3月,入读于祖父创建的家塾蒙馆,因记忆力强,能很快背诵文章,而深受老师称赞。

1910 年

受在县城务本小学堂读书的哥哥们的影响,不甘愿死读书,因要求老师对所学篇章进行讲解而被退学。

1911 年

入读祖父与族人在本村倡建的觉民初级小学堂,常爱听祖父讲《水浒》和太平天国的故事,后读《黑奴吁天录》也大受感动。文学作品中的反抗精神在其幼小心灵播下了革命火种。

1914 年

随两位哥哥入读县城务本小学堂。该学堂是新式学堂,有体操、音乐和美术等课程,其十分喜欢。

1917 年

从三年制宣平县立师范讲习所毕业后,遵从父母之命回乡在本村觉民小学任教。同年其二哥考入浙江省立第一师范("浙一师"),常寄新思潮报刊回乡,潘漠华及其师友都受到影响。

1920 年

秋季考进浙一师,遇到挚友汪静之和老师朱自清。此时,浙一师受之前的学潮影响成为南方新文化运动的革命阵地,潘漠华受此影响也开始用白话文创作新诗,著有《梦》《童年》《病中》和《雪光》等,并开始创作小说《乡心》,在浙一师,他开始大量阅读揭露社会重大问题的译作,如《玩偶之家》《大雷雨》《巡按》等。

1921 年

10 月,在老师朱自清、叶圣陶的指导下,与冯雪峰、汪静之、赵平复(柔石)、魏金枝、周辅成等成立"晨光社",聘请朱自清、叶圣陶、刘延陵三位老师为顾问。

这一年,共写成 30 多首新诗,其中影响较大的有《春歌》等 10 多首。

1922 年

4 月,与应修人、汪静之、冯雪峰等成立"湖畔诗社",是中国最早的两个新诗社之一,出版了《湖畔》《春的歌集》等诗集。

7 月 10 日,《乡心》发表于商务印书馆《小说月报》第 13 卷第 7 期。

1923 年

寒假回乡参加放赈救灾工作,目睹家乡山区农民的困苦生活,内心大受震动,开始创作小说《人间》。

8 月 10 日,《人间》发表于《小说月报》第 14 卷第 8 期。该小说被冯雪峰评论为五四运动后短篇小说的杰出代表。

冬,遵循母亲的意愿,与邹秀女结婚。

1924 年

8 月,考入北京大学一院(文学院)预科,努力学习,继续新文学创作。

1925 年

开始翻译俄国作家的长篇小说《沙宁》。五卅惨案后,和同学一起参加罢课和集会游行。在北京加入中国共产党。

1926 年

参加学生运动,在《京报》副刊等多种报刊上发表评论,斥责帝国主义的侵略行径和段祺瑞政府的卖国行为。

1927 年

离开北大,经党组织安排,南下武汉,参加北伐,投身北伐先遣军第三十六军,任该军第二师政治部宣传干事、组织科长等职。

7 月,汪精卫背叛革命后,他选择离开武汉回到杭州,参加由中共浙江省委领导的地下秘密工作。介绍同乡曾志达入党,建议派曾志达回家乡宣平与潘振武一道组建党组织。

11 月,在杭州第一次被捕,获救出狱后回到家乡宣平继续指导党组织活动,宣传进步的革命思想。后来,成功介绍十多名农民入党,并指导建立了上坦、上陶党支部。

1928 年

春夏之交,离开宣平,转辗于上海、厦门等地,以教学为掩护,继续从事地下活动,始终关注着家乡的革命斗争工作。

1929 年

家乡农民暴动失败后,帮助前来上海避难的曾志达、吴谦等十余人。出版自译的小说《沙宁》,并将所得稿费和版权费八百多银元全部用于资助前来避难的党员同志,鼓励他们坚定革命信心和增强革命勇气。

9月,被迫离开上海到厦门集美中学教书。

1930 年

2月,回到上海,加入"自由大同盟"和"左联"。

4月,到河南开封第一初级中学任教,向学生宣传进步思想,进行地下工作。

夏天,返回北京,先后隐蔽在翊教女中、香山慈幼院,以教职为掩护,继续地下秘密工作。后用教职作掩护,筹备"北方左联"的组建工作。

9月,"北方左联"举行成立大会,出任该组织的执行委员、常委。

1931 年

春,到国立北平大学女子文理学院担任讲师,成为"北方左联"的党团书记直至9月。8月,因参加"飞行集会"第二次被逮捕,遭受了残酷的刑讯。因缺乏证据,后被释放。

九一八事变以后,他化名潘模和,转移到河北沧州的河北省立二中任教,一直到该年年底。发动师生开展罢课、游行示威、张贴标语、下乡宣传等多种形式的抗日救亡活动。介绍杨钦等青年学生入党,吸收李鼎声等为共青团员,在学生中建立党团支部,并积极组织与"左联""反帝大同盟""抗日救国会"等党的外围组织有关的活动。

1932 年

2月,奉命回北京组建"北方文化总同盟",5月该组织正式成立。

5月,"国际联盟调查团"在中国东北调查期间,潘漠华等人在北京多次举行集会讲演,揭露该组织袒护日本侵略行径、诬蔑中国人民的抗日救亡运动的真面目。

12月,在北京马哲民教授家里第三次被捕,因没有证据,再次被释放出狱。

1933 年

春,调回北京重新担任"北方左联"的党团书记。

4月,"北方左联"通过"北方文总",与"革命互济会""反帝大同盟"等组织,共同发起了为李大钊举行公葬的纪念活动,与近两千人的送葬队伍一起护送李大钊烈士的灵柩向万安公墓前进。

6月,奉命奔赴张家口参加抗日同盟军,担任该军机关报——《老百姓报》的编辑工作,紧密配合抗日宣传。

8月,参加华北民众御侮救亡大会,帮助起草了大会宣言等文件。

10月,抗日同盟军解散后回到天津。

11月初,重新担任中共天津市委常委和宣传部部长,继续从事党的工作。

12月,第四次被捕。

1934年

12月24日,被敌人浇灌滚烫开水而惨烈牺牲,时年32岁。

陈望道大事记

1891 年

1月18日,生于浙江义乌分水塘村的一个农村家庭。

1897 年

自6岁起,在村上的私塾里跟随张老先生学习。

1907 年

前往义乌县城,进入绣湖书院学习数学和博物。

1908 年

回到分水塘村,与村上的青年一起兴办教学,希望通过教育的方式来挽救国家。

1909 年

离别家乡,考入浙江省立金华中学,着重学习数理化等现代科学知识。

1912 年

在"兴实业、重科学"的思想引导下,虽然成绩优异,但为了早日前往欧美国家留学深造,毅然选择从金华中学肄业。

1913 年

在上海的一所学校补习英语,接着又考入浙江之江大学专攻英语和数学。

1915 年

年初时,赴日留学,先后前往早稻田大学、东洋大学、中央大学等学校学习,完成了法律、经济、哲学、文学以及物理、数学等诸多课程,最终在1919年毕业于中央大学法科,获得法学学士学位。

1917 年

受俄国十月革命的影响,当时日本一些著名学者纷纷转向马克思主义的理论研究,同时翻译出版了大量书籍。借此机会,陈望道结识了日本著名学者河上肇、山川均等人,开始接触马克思主义新思潮。

1919 年

6 月,随着五四运动在中国大地的迅猛发展,陈望道决定返回祖国。在途经杭州时,《教育潮》的主编沈仲九先生有意引荐他前往浙江省立第一师范学校任教。

12 月,因与夏丏尊、刘大白、李次九三位语文教员提倡新思想、新文化和改革国文教育等活动,遭到军阀政府以"非孝、废孔"等罪名撤职查办的处分,是"浙江一师风潮"中的风云人物,"四大金刚"之首。

1920 年

2 月,上海《星期评论》社特邀陈望道试译《共产党宣言》一书,并计划在该刊上连载发表。

4 月下旬,完成《共产党宣言》的译稿。

5 月 1 日,与陈独秀等人在上海发起纪念五一国际劳动者活动,这是中国工人阶级第一次纪念五一劳动节。

6 月,由于当局的禁令,《星期评论》被迫停刊,原定的连载计划只能取消。

6 月 17 日至 20 日,其翻译的《马克思底唯物史观》在《觉悟》上连载。

8 月,参与并组织建立起中国第一个马克思主义研究会。同时,《共产党宣言》中译本由上海社会主义研究社列为社会主义研究小丛书的第一种,首次正式出版。

8 月,参与成立社会主义青年团。

9 月,组织建设起由上海共产主义小组直接领导的第一所干部学校——上海外国语学社,中国共产党的第一个通讯社也设在这里。

11 月,参与全国第一个以"共产党"命名的月刊——《共产党》的创刊工作。

12 月,由于陈独秀赴广东任职,《新青年》的编辑重任交由陈望道负责,一直到 1921 年。

1921 年

4 月 17 日,出席上海共产主义小组商讨纪念五一节的筹备会议。

8 月 3 日,由他主编的《民国日报》的副刊《妇女评论》创刊。

11 月,中共一大召开后,成为中共上海地方委员会第一任书记。

1922 年

1 月,起草并向群众分发了宣传共产主义的《太平歌》贺年信。

4 至 5 月,参与中共上海地方委员会为纪念马克思诞辰 104 周年的演讲会和纪念会。

1925 年

5 月,五卅运动爆发后,接任上海大学教务长,代理校务主任。

1928 年

组织筹备大半年的大江书铺顺利开业,在上海文化界大量宣传马克思主义著作。

1929 年

受上海地下党组织的委派,出任中华艺术大学校长,至 1930 年。

1931 年

2 月,因在复旦大学任教时积极保护学生而受到国民党反动派的威胁,为避免被进一步迫害,离开了执教多年的复旦大学,蛰居上海寓所专心从事《修辞学发凡》一书的写作工作。此书于 1932 年完成。

1932 年

1 月,发起成立了中国著作者协会。

"一·二八"事变后,集会讨论并组织成立"中国著作家抗日会",被选为秘书长。

1934 年

9 月,在鲁迅的支持下开办了实践大众语的刊物——《太白》。

1935 年

8 月,在桂林师专担任中文科主任,开设文法学和修辞学,并在校内外掀起了一场反封建的斗争。

1937 年

抗日战争爆发,从广西回到上海,在地下党领导下从事抗日救国活动,在"上海孤岛时期"坚持敌后斗争。

1940 年

回到复旦大学任教。

1946 年

9 月,随复旦大学师生返回上海,成立了上海地区大专院校教授的进步组织——"上海大学民主教授联谊会",被选为该组织的主席。

1949 年

9 月,作为特邀代表赴北京出席政协第一届全国委员会第一次会议。

1950 年

4月，出任华东军政委员会文化教育委员会副主任和华东文化部部长。

1951 年

6月，经沈志远和苏延宾介绍，加入中国民主同盟。

1954 年

9月，出席在北京召开的第一届全国人民代表大会。

1957 年

6月，重新加入中国共产党。

1958 年

11月，当选为民盟中央副主席。

1959 年

4月，出席第二届全国人民代表大会。

1964 年

12月，出席第三届全国人民代表大会。

1975 年

1月，出席第四届全国人民代表大会，被选为第四届全国人大常务委员。

1977 年

10月29日，因肺部感染逝世，享年87岁。

施复亮大事记

1899 年

11月12日,生于浙江金华县叶村的一个农民家庭。原名施存统,1926年年初改名施复亮。

1917 年

夏,考入浙江省立第一师范学校。

五四运动期间,与俞秀松、查猛济、沈乃熙(即夏衍)等28人成立浙江新潮社,出版《浙江新潮》周刊,发出了"改造社会"的呼喊。

1919 年

11月7日,在《浙江新潮》第2期上发表了向封建礼教宣战的《非孝》一文,引发"一师风潮"。

1920 年

6月中上旬,先后参加上海中共早期组织和青年团的创建活动,并参与起草了党纲草案。

6月20日,带着自抄的党纲草案离开上海,赴日本,一边治病,一边在同文书院学习,苦学日文和政治经济学,不到半年,就能阅读日文书籍。

1921 年

1月开始,陆续翻译日本学者有关马克思主义、社会主义和唯物史观的著作,发表在1921年1月至1922年年底的《民国日报》和《先驱》等报刊上;还用马克思主义唯物史观来思考中国革命问题,写了多篇文章发表在《民国日报》《新青年》《共产党》等报刊上。他在这期间的翻译和著作,对宣传和实践马克思主义做出了重要贡献,确立了中国第一代马克思主义传播者和实践者的地位。

2月，从同文书院退学，专心研究马克思主义和社会主义，并与日本共产党和社会主义者广泛接触。其间，与周佛海成立旅日中共早期组织，并任负责人；与旅日进步青年建立联系，发展彭湃、杨嗣震、林孔昭等十多人入党。

12月中旬，被日本警局逮捕，关押了半个月左右。

12月28日，被驱逐出境，当日傍晚登船，离开日本回国。

1922 年

年初，担任中国社会主义青年团临时中央局代理书记，并兼任青年团上海地方委员会书记，全力恢复并整顿已停止活动半年有余的团组织，同时筹备召开青年团一大。

5月5日，中国社会主义青年团第一次全国代表大会在广州召开，其被推选为团中央书记，并开始主编团刊《先驱》。

7月16日至23日，在上海参加了中共二大，做了关于社会主义青年团第一次全国代表大会召开情况的报告。不久，加入国民党，成为跨党党员。

1923 年

8月，在南京国立东南大学召开的社会主义青年团第二次全国代表大会上，被选为团中央执委委员，但因担心自己的身体难以承担繁重的工作，所以主动请辞一切职务。

8月底，应邓中夏邀请，到上海大学社会学系任教授，讲授社会运动史、社会思想史、社会问题三门课程。

10月，继任上海大学社会学系系主任，并成为校行政委员会委员，参与学校的领导工作。

1925 年

上海五卅运动时期，在工人夜校中发动和组织工人罢工、罢市、上街游行、演说、散发传单、追悼顾正红烈士等活动，以笔名"光亮"在《上大五卅特刊》上发表多篇文章，申明工人罢工的合理性和合法性，支持工人阶级和广大学生的正义斗争，号召广大工人和学生"只有前进，不能后退"，誓死奋斗到底！

1926 年

年初，与社会学系的学生、共产党员钟复光结婚，特地刻了一枚"复光复亮"的图章送给钟复光，并将自己的名字改为"复亮"。

9月，军阀孙传芳、齐燮元下令通缉施复亮等几位著名教授。其按照党组织安排离开上海去广州，在中山大学任教，并在黄埔军校、广州农民运动讲习所讲授政治经济学。

12月，其编写的《中国国民党的组织和训练》一书出版，影响很大。

1927 年

2月，在黄埔军校武汉分校——中央军事政治学校任教官，其妻钟复光任女生大队政治指导员。

8月30日,在《中央日报》副刊上发表《悲痛的自白》,宣布"退出中国共产党,发愿做一个单纯的革命的国民党员"。

1928 年

先后加入"本社"和改组派,著有《目前中国革命问题》等书,提出了一整套重建"革命的国民党"的主张,并精心构建了"革命的三民主义"的理论体系。但他的主张并不为主持改组派的汪精卫、陈公博所接受,他主张改造国民党的希望破灭。

1929 年

年初,退出改组派,潜入书斋,著书立说。至1932年,共出版了近30部著作和译作,宣传马克思主义和苏联社会主义制度及经验,并对自己退出共产党之后的思想及言论作了深刻的剖析和反省。

1932 年

因积极宣传抗日救国,不断抨击蒋介石政府的不抵抗主义政策,而遭到国民党政府的通缉。在冯玉祥将军的帮助下,一度赴日本避难。

1937 年

形成较为系统的民主抗战思想,主要是"持久的全面的抗战"论、"全民抗战"论和"民主抗战"论,影响很大。

1940 年

到重庆任南方印书馆总编辑。

1941 年

1月,施复亮夫妇被南方印书馆解职。不久,经胡子昂、鄢公复等人介绍,到四川省银行经济研究处任主任,并主编《四川经济研究专刊》。

1944 年

年底,与许德珩等一批进步学者组成民主科学座谈会(即后来的"九三学社"),宗旨是争取抗战胜利和政治民主,继承和发扬五四运动的民主、科学精神。

1945 年

应胡厥文等人之邀请,积极参与成立新政团的筹备工作。

12月16日,中国民主建国会在西南实业大厦举行成立大会,施复亮被选为常务理事,并担任言论出版组主任,负责编辑民建机关报——《平民》周刊。

1946 年

2月10日，在重庆较场口召开"陪都各界庆祝政治协商会议成功大会"，施复亮是大会主席团成员之一。大会当天遭到国民党反动派的破坏，主席团成员和特邀代表及与会群众共60多人被打伤。当天下午，由施复亮口授，钟复光笔录，写了一篇充满激情的文章——《愤怒的抗议》，发表在第二天的《新华日报》上，对国民党制造的惨案进行了愤怒的抗议和严正的控诉。

5月上旬，在周恩来的安排下，施复亮一家与新华社的一些同志一起乘飞机去上海。

6月，蒋介石集团挑起全面内战。施复亮积极投入反内战的斗争之中，在民建总会创办的机关刊物《民讯》上连续发表了《当前时局与本会的任务》《今后的第三方面》等多篇文章，宣传民主，反对内战。

1946 年

7月到1947年5月，先后发表了《何谓中间派？》《"第三方面"的组织问题》《论"第三方面"与民主阵线》《中间派的政治路线》《中间派在政治上的地位和作用》《中间路线与挽救时局》等文章，主张中间路线，引起了社会的广泛关注和反响。

1948 年

4月30日，中共中央在《人民日报》上发表了《纪念"五一"劳动节口号》。施复亮参加了民主建国会秘密召开的理事、监事会议，会议一致通过了"赞成中共'五一'号召，筹开新政协，成立联合政府"。这标志着民建政治立场、政治纲领的转折。

11月，被黄炎培等人推举为民主建国会代表到解放区参加筹备新政协工作。

1949 年

4月，加入到解放上海的大军中，做宣传鼓动工作。

5月28日，上海市人民政府正式成立，施复亮任华东军事管制委员会顾问。

9月，被选为第一届全国政协委员兼副秘书长。

10月19日，任中央人民政府劳动部副部长。

1952 年

7月，当选民主建国会副主任委员。

1954 年

9月，参加了第一届全国人民代表大会，被选为全国人大常委会委员。

10月，因病主动辞去劳动部副部长的职务。

12月，出席第二届全国政协会议，当选为第二届全国政协常务委员。

1955 年

4月，当选中国民主建国会副主任委员兼组织委员会主任委员。

1959 年

4 月,当选第三届全国政协常务委员,同时当选第二届全国人大常委会委员。

1960 年

2 月,继续当选民主建国会副主任委员。

1965 年

1 月,当选第三届全国人大常委会委员,同时当选第四届全国政协常务委员。

1970 年

11 月 29 日,不幸病逝。

冯雪峰大事记

1903 年

出生于浙江义乌赤岸乡神坛村的一个农民家庭，取名冯福春。

1912 年

入赤岸冯氏祠堂私塾读书。

1919 年

以第二名的好成绩考入金华省立第七中学师范科，接受"五四"新思潮。

1921 年

因带头参加反对学校当局专制的罢课抗议活动，被开除学籍。

1921 年

考入浙江省立第一师范学校，改名冯雪峰。开始写作新诗，与汪静之、潘漠华一起组织成立新文学团体"晨光社"。发表作品《到省议会旁听》，写作《小诗》《小朋友》等诗。

1922 年

与应修人、潘漠华、汪静之合著，以湖畔诗社名义出版诗集《湖畔》，内收冯雪峰的诗歌 17 首。

1923 年

出版诗集《春的歌集》，内收其诗歌 11 首和散文《秋夜怀若迦》。冬季终止学业。

1924 年

进上海中华学艺社当事务员。冬季到浙江慈溪县立女子小学代课。

1925 年

到北京在北大旁听,同时自修日语。写诗《原火》等。

1926 年

听鲁迅讲课,并首次拜访鲁迅。开始日文翻译或转译文艺理论著作和文学作品。发表译作《无产阶级诗人和农民诗人》等。

1927 年

加入中国共产党。遭通缉,避居于未名社近三个月,并结识丁玲。同时发表作品散文《月灾》《诗人祭》和译作《新俄文坛的现势漫画解说》《苏俄的二种跳舞剧》等。

1928 年

2月,离开北京到上海,继续从事翻译工作。

7月,回家乡义乌,任城区支部书记。

11月,受国民党浙江省政府通缉,离开义乌到上海。作品有论文《革命与知识阶级》,译作《我们的一团与他》《妄想》《枳华集》等。

1929 年

借住景云里茅盾家中,常与鲁迅交谈。与以前的学生何爱玉结婚。与中共江苏省委恢复组织关系。参加筹备中国左翼作家联盟事宜,并成为20世纪30年代左翼文艺的重要领导人之一。这一时期,主编或参与编辑《萌芽》月刊、《巴尔底山》等"左联"机关刊物。继续编译《科学的艺术论丛书》,参加了与各色资产阶级和小资产阶级文学团体、文学主张的论战。译有作品《流冰》(诗集)、《作家论》《艺术之社会的基础》《自然主义与新浪漫主义》《科学的社会主义之梗概》《论法兰西底悲剧与演剧》《海外文学者会见记》《现代欧洲艺术及文学底诸流派》《艺术与社会生活》《现代法兰西文学上的叛逆与革命》《文学译论》等。

1930 年

参加中国自由运动大同盟成立大会,为同盟发起人之一。参加中国左翼作家联盟成立大会,会后整理并发表鲁迅在会上所作的讲话——《对于左翼作家联盟的意见》。

5月,随鲁迅移住虹口拉摩斯公寓地下室。代表"左联",与"社联"合办暑期补习班,并邀请鲁迅前往讲课。译《艺术社会学之任务及诸问题》《艺术学者弗理契之事》《艺术形成之社会的前提条件》《法兑耶夫底小说》《论新兴文学》《现代欧洲无产阶级文学底路》《现代欧洲的艺术》等。

1931 年

白色恐怖严重,"左联"五烈士壮烈牺牲,冯雪峰接任"左联"党团书记,与鲁迅编辑出版《前哨》,纪念战死者;结识瞿秋白,承担瞿与外界的联系工作;帮助丁玲筹办《北斗》月刊。

10月,在瞿秋白的指导下起草决议《中国无产阶级革命的文学新任务》。著有论文《我们同志的死和走狗们的卑劣》《关于革命的反帝大众文艺的工作》等,译文《创作方法论》。

1932年

在上海各界人民抗日大会上代表"左联"做演讲。

"一·二八"淞沪抗战爆发,2月3日,与鲁迅等43位文化界著名人士联名发表《上海文化界告世界书》,谴责侵略,声援抗战。参加王礼锡与丁玲等发起组织的中国著作家抗日会,被选为执行委员。任中共中央宣传部文化工作委员会书记,任中共上海中央局宣传部干事。著有《关于新的小说的诞生——评丁玲的〈水〉》《关于"第三种文学"的倾向与时代》《民族革命战争的五月》。

1933年

任中共江苏省委常委、宣传部部长。负责筹备在上海秘密举行的远东反战会议。

11月,身份暴露。

12月,接到通知调离上海,于下旬抵达瑞金苏区。著有《致〈文艺新闻〉的一封信》。

1934年

参加党的六届五中全会。当选为中华苏维埃政府中央执行委员会候补执行委员。先后任中央党校教务长、副校长,红军大学政治教员等职,结识毛泽东。参加长征,任红九团地方工作组副组长。

1935年

任干部团上干队政治教员。中央红军到达陕北后,调至陕北党校工作。著有《红军第一军团长征中经过地点及里程一览表》《红军第一军团长征中所经之民族区域表》等。

1936年

参加东征,任地方工作组组长。

4月,受中央委派回到上海,以中共中央特派员身份兼管上海文艺工作,参加了"国防文学"与"民族革命战争的大众文学"两个口号的论争。任中共上海办事处副主任。为鲁迅代拟《答托洛茨基派的信》和《论现在我们的文学运动》,起草《答徐懋庸并关于抗日统一战线问题》。著有《关于鲁迅的地位》《对于文学运动几个问题的意见》。

10月,鲁迅逝世,代表党主持鲁迅的治丧工作。

1937年

7月上旬,中共中央暂定由刘晓、冯雪峰和王尧山组成三人团,作为上海党的领导机构。冯雪峰回延安向党中央汇报工作。

七七事变后,国共两党实现第二次合作。冯雪峰随中共代表团奉命在南京、上海活动,其对谈判中改编红军、取消番号等退让十分不满,与博古发生激烈争吵。

9月,给潘汉年写信请假。

年底回故乡义乌从事创作。著有《完成宣战的准备》《鲁迅先生计划而未完成的著作》《关于鲁迅》等。

1938 年

发动群众组织抗日武装"同心会"。创作以长征为主题的长篇小说,著有《关于"艺术大众化"》。

1939 年

恢复组织关系,任中共中央东南局文化工作委员会委员。

1940 年

基本完成关于长征的小说初稿《卢代之死》,约 50 万字,后遗失。组织关系转至中共浙江省委。著有《形式问题杂记》《论典型的创造》《文艺与政论》《关于形象》等。

1941 年

在金华被宪兵逮捕,被押解至金华宪兵连,后转送至上饶集中营关押,受到审讯,真实身份未暴露。其间病情严重,转移至周田村特别培训班。由于墙报问题被检举,被编入"文化组"单独看管,胸部伤处病情严重。

1942 年

以治病为名脱离集中营。写有《云山歌》《黎明》《雪之歌》等 40 首诗歌。

1943 年

帮助《东南日报》审稿编报。辗转多地后,到达重庆。周恩来留冯雪峰在重庆,以作家身份公开在文化界活动,做统战和情报工作,组织关系在重庆八路军办事处。著有杂文《还好主义》《利己主义的本质》《牺牲》《滚和卷》《创造力》等。《真实之歌》出版,内收诗 39 首。

1944 年

接手主编《抗战文艺》,出版杂文集《乡风与市风》,内收杂文 41 篇。著有杂文《善良的单纯》《爱情》《可悲的结交》《无欲望状态》等。

1945 年

在重庆与毛泽东数次交谈。杂文集《有进无退》出版,内收杂文 30 篇。著有杂文《火狱》《什么是艺术力及其它》《恐惧》《险恶》等。

1946 年

受周恩来指导,在上海做文化工作的同时,继续以个人名义做统战和情报工作。选《真实之歌》中新诗 17 首,改题为《灵山歌》出版。12 月开始创作寓言,至 1949 年上海解放,共写寓言一百七八十篇。著有《叛逆》《自由主义的考验》《信义》《帝王思想》《鲁迅回忆录》《武力》等。

1947 年

《今寓言》出版,内收 1946 年 12 月至 1947 年 7 月所写的寓言 65 篇。发表《狐与龟》《社会贤达的鲢鱼》《希望的树》等多篇寓言。

1948 年

《雪峰文集》出版,内选新诗 6 首,杂文 33 篇,寓言 20 篇。到苏联塔斯社驻上海的中国分社所属的时代出版社工作。发表《牛与牛绳》《论通俗》《鸟与石匠》等。

1949 年

赴北京参加第一次全国文代会,为南方代表第二团团长。当选为中国文学艺术界联合会第一届常务委员。参加中国人民政治协商会议第一次会议,为政协第一届委员。被任命为华东军政委员会委员。当选为上海市人民政府委员会委员。《雪峰寓言三百篇》(上卷)出版,内收寓言 100 篇。

1950 年

担任上海市文联副主席、中国文联常务委员等。兼任《文艺创作丛书》编辑委员会主任委员及主编。任鲁迅著作编刊社社长兼总编辑。力主筹建上海鲁迅纪念馆和修复绍兴鲁迅故居,多方奔走努力。著有《谈谈杂文》《思想的才能和文学的才能——鲁迅逝世十四周年》《鲁迅著作编校和注释的工作方针和计划方案》《"要在朝鲜怎么办呢?"》等。

1951 年

任人民文学出版社社长兼总编辑,主持初创工作。应苏联作家协会邀请,作为团长,率团访问苏联。重新开始创作长征题材的长篇小说。著有电影剧本《上饶集中营》,论文《鲜血记录的历史第一页》《关于〈鲁迅日记〉影印本》《党给鲁迅以力量》《回忆鲁迅》《怎样读鲁迅的杂文》等。《鲁迅和他少年时代时候的朋友》出版。

1952 年

兼任《文艺报》主编,中华全国文学工作者协会党组书记。《论文集》(第一卷)出版,内收论文、杂文 34 篇。《雪峰寓言》出版,收入寓言 111 篇。著有《打毒蛇》《胜利在于彻底》《最难得的学习机会》等。

1953 年

当选为中华全国文学艺术界联合会第二届委员会委员。当选为中国作家协会副主席、中国作协理事会理事,是作协党组成员。编辑《瞿秋白文集》并作序。帮助杜鹏程修改长篇小说《保卫延安》。著有新诗《我们的父亲》,论文《关于创作和批评》《关于语言问题的意见》等。

1954 年

由浙江省选举为第一届全国人民代表大会代表。因《红楼梦》研究批判,《文艺报》受到了毛泽东的批评,冯雪峰在《人民日报》发表检查《检讨我在〈文艺报〉所犯的错误》,后被解除《文艺报》主编的职务。著有《论〈保卫延安〉的成就及其重要性》《目前中国文学上的现实主义》等。

1955 年

被卷入"胡风事件",在党内受到批判。著有《鲁迅的著作》《关于巴金作品的问题》等。

1956 年

主持编注新版《鲁迅全集》。《寓言》出版,内收已发表寓言70篇,新作1篇。

1957 年

中国作协连续召开二十五次党组扩大会议,批判丁、陈反党集团。从第十七次会议以后,批斗矛头对准冯雪峰,冯雪峰被迫做了检讨,被文化部定为"右派骨干分子"。《富翁造三层楼——印度寓言》出版,收入《百喻经故事》中的寓言55篇。编《应修人潘漠华选集》,写《潘漠华小传》并作序,后出版。

1958 年

被开除党籍,撤销大部分职务。作为普通编辑,从事中国现代文学作品的编辑工作。写《郁达夫生平事略》及《郁达夫著作编目》。

1959 年

继续编辑《郁达夫文集》。胃病复发,施行胃切除手术。

1960 年

开始编辑《新文学三十年集·短篇小说选》。

1961 年

摘去"右派分子"帽子。未得允许完成关于长征的长篇小说,愤而焚稿。

1962 年

请创作假从事关于太平天国的长篇小说写作。列席全国政协会议。请求重新入党失败。

1963 年

写出长篇小说《太平天国》的结构、主题、情节发展提要。学写旧体诗《塞童》《探日》《未深思》。健康状况下降。

1964 年

到广西、湖南、湖北实地考察。

1965 年

参加"四清运动"。

1966 年

"文革"开始,被隔离在人民文学出版社院内,经常被批斗,要求交代问题,写检查,应对各种"外调"。写《有关1936年周扬等人的行动以及鲁迅提出"民族革命战争的大众文学"口号的经过》等。

1967 年

继续被隔离,学"老三篇",学《语录》,做清洁工,写检查和外调材料等。

1969 年

下放到湖北咸宁文化部"五七"干校从事体力劳动。

1971 年

在湖北省丹江干校学习劳动。

1972 年

回到北京原单位人民文学出版社,被安排在鲁迅著作编辑室工作,只许在家办公。

1974 年

与孙用合作校订《鲁迅日记》。

1976 年

1月31日上午11时,因肺炎引起并发症在协和医院救治无效去世,享年73岁,无遗嘱,留下寓言遗稿59篇。

2月16日,在中央"文革"小组批示下,举行简单的追悼仪式,茅盾、叶圣陶等300余人参加悼念。

1979 年

中共中央为冯雪峰的错案做出改正决定,恢复其党籍和政治名誉。

下篇 评述

邵飘萍与马列主义在中国的早期传播

摘要：邵飘萍是因宣传马列主义而牺牲的第一位中共党员。在中国共产党成立前后，邵飘萍以"新闻救国"为志向，积极培养关注社会真相的新闻人才和爱国志士，始终站在新闻战线上著书立说，系统地宣传、介绍马列主义、俄国十月革命及苏维埃政府政策，为马列主义在中国的早期传播做出了不可磨灭的贡献。

关键词：邵飘萍；马列主义；新闻救国

邵飘萍是一位具有"新闻救国"志向、热爱祖国和人民的革命民主主义战士，始终立足于新闻战线，致力于新闻教学和研究工作，积极培养关注社会真相的新闻人才和爱国志士，为有志青年以新闻为武器、以社会调查为认清国情的手段奠定了重要的基础，培养了一批有爱国情怀的青年才俊，使其成为后来积极宣传马克思主义的有生力量，为后续马列主义中国化储备了人力资本。五四运动前后，邵飘萍从一个激进的资产阶级民主主义的报人，转变成为具有初步共产主义思想的先进知识分子，在中国马克思主义运动的早期过程中，在歌颂俄国十月革命和宣传马克思主义方面有过特殊贡献和作用。他著书立说，以《申报》《京报》等为舆论阵地系统地宣传、介绍马列主义、俄国十月革命及苏维埃政府政策，高唱赞歌，传播马列主义。在1926年4月，已秘密加入中国共产党的邵飘萍被奉系军阀以"勾结赤俄，宣传赤化"的罪名杀害，成为因宣传马列主义而走上断头台的第一人①。

一、致力于培育新闻人才

邵飘萍是中国百年新闻史上光彩夺目的名字，可以说他是用自己的鲜血染红了言论、新闻、出版自由的理想。中国新闻界赞誉记者专业精神的名言——"铁肩担道义，妙手著文章"，说的就是邵飘萍。他是我国民主革命时期杰出的文化战士、著名的新闻工作者和新闻

---

① 肖超然、陆彬良：《邵飘萍——早期宣传马列主义和反帝反封建运动的无畏战士》，《新闻研究资料》1981年第5期。

教育开拓者。他以报道和通讯为武器,宣传真理,抨击邪恶,锐意改革,为新闻事业贡献了毕生精力。他所著的《新闻学总论》和《实际应用新闻学》等,是我国最早的一批新闻理论著作。后人誉之为"乱世飘萍""一代报人""铁肩辣手,快笔如刀"等等,更有"飘萍一支笔,抵过千万军"的高度评价。

邵飘萍从1912年起涉足新闻事业,逐渐立志新闻救国,经历了各种磨砺,深深感知到中国新闻的不自由和外国势力及军阀政府操纵新闻、愚弄国民的黑暗现实。邵飘萍认为,当时新闻界在民众心目中之所以口碑差,根本问题在于人才匮乏,缺乏政治、业务素质合格的访员(即记者)、编辑等从事报业的志士。要矫正新闻界的弊端,一定要倡导研究新闻学,培养记者。正是基于这样的认识,他在工作异常繁忙的情况下,身体力行地从事新闻学的教学与研究,为中国新闻学的发展及新闻人才的培养开了风气之先,并推动年轻人深入社会、了解民众疾苦、揭露专制政府暴行,培养了一批关心国家发展、有爱国情怀的青年才俊,使其成为后来积极宣传马克思主义的有生力量,也为后续马列主义中国化储备了人力资本。

邵飘萍的新闻教育工作起始于1918年。当年春,邵飘萍获悉北大校长蔡元培先生有开设新闻讲演会的计划,就"致书以促其成"①。1918年10月14日,北京大学成立新闻研究会,蔡校长担任研究会会长,并为该会拟定简章,规定其宗旨为"研究新闻学理,增长新闻经验,以谋新闻事业之发展"。新闻研究会聘请邵飘萍和留美归国的徐宝璜两位担任导师,率先开启了民国时期的新闻教育。因蔡校长事务繁忙,新闻研究会实际事务由两位导师负责,轮流为会员传授新闻知识。

研究会设在北京沙滩东口红楼34教室,邵飘萍与徐宝璜两位导师利用晚上或周末时间向会员传授新闻知识,每周轮流给学生讲习3—5次,5个月结业,结业时给会员发文凭。研究会一共开展了几期新闻研究班,培养了众多的报学人才。罗章龙在《忆北京大学新闻学研究会与邵振青》一文中说:"取得证书者共计55名。其中得听讲一年证书者共23人……半年证书者共32人。"②这55人中,绝大部分是北大学生,如罗章龙、高君宇、谭平山、谭植棠等,还包括1918年8月在北大图书馆(红楼)第二阅览室管理登记报刊借阅情况的毛泽东。在邵飘萍的引领下,不少会员成为当时及后来一些报纸杂志的主力,如高君宇、谭植棠,都是积极倡导革新、民主和科学的撰稿人,高君宇还是北大校内《新潮》杂志的主要编辑之一。

邵的授课,除了讲授一般的报纸出版、新闻采访等业务知识之外,更强调"访员"(记者)的素质与思想的训练。邵飘萍要求新闻记者以品性为第一要务,不为利诱、不畏强权,要尽自己的天职,"伸张人道,为弱者吐不平之气,使豪暴之徒不敢逞其志,不能不屈服于舆论之制裁"③。邵飘萍特别注重在传授知识的同时,引导学生关注政治、经济和劳工等方面,宣传民主和科学思想,传播爱国主义和反帝反封建的革命思想。对于劳工运动、工人疾苦、同盟罢工等,他引导学生去调研公司组合、罢工人数、罢工原因、工人提出的条件、工人的劳动时

---

① 旭文编著:《邵飘萍传略》,北京师范学院出版社,1990年,第40页。
② 旭文:《五四号手邵飘萍》,《北京党史通讯》1989年第3期。
③ 旭文编著:《邵飘萍传略》,北京师范学院出版社,1990年,第41页。

间和工资、雇主威胁、警方处理、罢工结果等29个具体的内容①，引领学生深入劳苦大众，了解其疾苦及社会不平等现状。

为提高新闻研究会会员的政治素质和业务能力，邵飘萍特意邀请富有社会实践经验的李大钊等人到会演讲，还出版《新闻周刊》，为学生提供练习写作的园地，促使他们面向社会，在实践中成长为有用之才②。此外，邵飘萍也重视新闻理论与实践的结合，不仅组织学生外出参观，还介绍学生到报馆见习，亲自做指导，鼓励学生练写作，向报社投稿。可以说邵飘萍既是新闻学的理论导师，又兼社会实践导师，是我国新闻教育事业的开拓者。

1923年，邵飘萍在北大新闻研究会讲演之基础上，补充了一些内容，撰写成《实际应用新闻学》（又名《新闻材料采集法》），由《京报》自办的昭明印刷厂出版发行。邵飘萍编写此书时参考了欧美和日本学者的专门著述，再结合自身十多年来实地经历所得，详细陈述具体的新闻材料采集方法，目的在于培养专业的新闻记者人才③。1924年6月，邵飘萍撰写的《新闻学总论》一书出版，共十章四十节七万余字，"含新闻学之全体概要"。著作中涉及新闻学研究的绝大多数对象与领域，如新闻事业的特质、新闻记者的地位与资格、新闻社的组织、新闻纸的性质、新闻法、中国新闻事业的现状等等④。

《实际应用新闻学》和《新闻学总论》这两本新闻学著作，是邵飘萍从事新闻事业以来的心血结晶，既介绍了国内外新闻学的研究成果，又结合国内新闻界的现状以及自己办报、采访的经验，理论与实践相结合，对中国的新闻学做了阐述。书中展现了邵飘萍的新闻思想与实践经验，有助于推动中国新闻学的研究及普及，也推动了更多的年轻一代深入社会、思考社会问题、关注底层民众疾苦。

1919年2月至3月间，作为新闻研究会会员的毛泽东曾多次到位于北京羊皮市胡同的邵家去拜访邵飘萍，与其探讨社会、政治等问题。毛泽东还曾邀请邵飘萍去给同来北京的湖南同乡讲过几次课。通过这些事情，可以看出两人之间的关系十分密切，并且已经结下了深厚的情谊。毛泽东当时担任北大图书馆管理员，每月薪水微薄，还得不时关心在京的新民学会会员的生活，经济有些拮据。邵飘萍曾多次慷慨解囊，在经济上对毛泽东提供资助。最多的一次，是在毛泽东创办新闻社时，邵飘萍给了他100块大洋，这对于当时的毛泽东来说，无疑是很大的帮助。正是在邵飘萍的教导和帮助下，毛泽东系统地接受了新闻专业教育，迅速地掌握了新闻理论基础，提高了对新闻在社会政治生活中的作用的认识，这为他日后走上革命道路以笔为枪、以新闻为武器、以社会调查为认清国情的手段奠定了基础。后来，毛泽东离开北京回到湖南后，就利用在新闻研究会学到的知识，开始了以新闻为武器的办报和革命生涯，先后创办和主编了《湘江评论》报纸、《新湖南》周刊，还兼任当时湖南《大公报》的馆外撰述员，撰写了大量富有战斗性的新闻报道和新闻评论⑤。《湘江评论》以

---

① 旭文编著：《邵飘萍传略》，北京师范学院出版社，1990年，第45页。
② 旭文编著：《邵飘萍传略》，北京师范学院出版社，1990年，第45页。
③ 旭文编著：《邵飘萍传略》，北京师范学院出版社，1990年，第39页。
④ 程曼丽、乔云霞主编：《中国新闻传媒人物志》（第2辑），长城出版社，2014年，第347页。
⑤ 赵明河：《邵飘萍对毛泽东的影响》，《新闻爱好者》2010年第21期。

报道评论政治时事为主,大部分文章为毛泽东所写,以新闻为武器与反动当局做斗争,宣传反对帝国主义和封建主义,揭露巴黎和会的分赃实质,揭露封建军阀的统治"名为共和,实则专制",并热情讴歌俄国十月革命的伟大胜利①。毛泽东这一时期积极参与办报及其撰稿文风应该说在很大程度上受到了邵飘萍的影响。毛泽东自己也曾评价邵飘萍对他的影响。1936年,毛泽东在延安对斯诺回忆起在北大的这段历史时说:"特别是邵飘萍,对我帮助很大,他是新闻学会的讲师,是一个自由主义者,具有热烈理想和优良品质的人。"②

新闻研究会的其他不少会员,后来也大都是五四运动时期在全国各地的风云人物,有的成了中国共产党的早期党员和党的领袖人物。这都与邵飘萍在新闻研究会所做的工作及其发挥的影响分不开。借助于新闻教育,他引导青年深入接触劳工阶层,关注社会现实、关注国家命运,这大大促进了毛泽东等青年对中国国情的了解和认知,为马克思主义中国化储备了重要的人力资本。正是在邵飘萍的引领下,以毛泽东为代表的具有共产主义思想的一代志士通过社会调查方法了解了中国国情、阶级压迫及工农阶级疾苦,因而能够在领导中国革命的漫长岁月里,坚持"不唯上""不唯书""只唯实",将产生自欧洲的马列主义与中国的国情相结合,找到适合中国国情的农村包围城市的革命道路。

二、研究并宣传俄国十月革命与马列主义

邵飘萍不仅是"一代报人",为中国早期新闻事业做了奠基,而且在五四运动前后为马克思列宁主义在中国的早期传播做出了重要贡献。他不仅翻译、编辑和发表了大量关于马克思主义的著作和文章,而且通过创办进步刊物、参与进步社团等来歌颂十月革命,传播马克思列宁主义。

1. 深入研究马克思主义

1917年俄国十月革命胜利的消息,给中国先进知识分子带来了极大的思想震荡,也给中国先进知识分子点亮了新的希望。但国人对于十月革命情形的了解极为有限,除了李大钊较早地在中国宣传俄国十月革命之外,真正理解、接受和坚信马克思主义的,只是极个别的人。当时,各种纷繁的社会主义流派、资产阶级改良主义思想和唯心主义哲学流派等都被当作"新思潮"传入中国。在这时,邵飘萍迈出了具有决定意义的一步。他利用1919年避居日本大阪在朝日新闻社工作之际,除了从事新闻工作、系统地考察和研究日本的新闻事业外,还想方设法寻找、阅读日译本的马克思主义著作,研究俄国十月革命、各国社会思潮和政治动态。依据其夫人祝文秀保存的当年在日本时邵飘萍以书架为背景的几张照片,他阅读的书籍有《资本论》《世界大革命史》《社会主义论》《新社会》《露(俄)国大革命史》《社会主义研究》等16种③。书架上还放着络腮大胡子的马克思像。他白天工作,晚上如饥似渴

---

① 《中华文化通志》编委会编:《中华文化通志·艺文·新闻志》,上海人民出版社,2010年,第100页。
② 埃德加·斯诺:《西行漫记》(原名《红星照耀中国》),董乐山译,生活·读书·新知三联书店,1979年,第127页。
③ 旭文编著:《邵飘萍传略》,北京师范学院出版社,1990年,第71页。

地阅读,废寝忘食地奋笔疾书,把学习马克思主义与改造中国紧密结合起来,把炽热的爱国热情倾注于对救国真理的探求之中。

在日本约半年的时间里,邵飘萍潜心阅读和研究的思想成果——《综合研究各国社会思潮》《新俄国之研究》两本力作完成。这两本书成书于五四运动之后,出版在中国共产党成立之前一年,是专门宣传马克思主义、介绍苏维埃政权的专著。在中国共产党成立前,邵飘萍是中国国内全面、系统地介绍马克思主义学说和俄国十月革命及苏维埃政权的重要人物之一。

俄国十月社会主义革命开辟了人类历史的新纪元。十月革命也引起了各国反动派的恐慌,他们结成国际反革命联盟,从各条战线"围剿"新生的苏维埃政权,封锁苏俄的消息,妄图将第一个苏维埃政权扼杀于摇篮之中。1920年8月,邵飘萍编写的《新俄国之研究》在日本出版,出版后即销售一空。在书中,邵飘萍以高度的政治敏感和实事求是的态度,对布尔什维克党的历史、十月革命和十月革命后新生的苏维埃政权的政治、经济、文化、教育、外交制度及各方面的成绩作了客观的介绍。这本书的出版对于中国人了解俄国十月革命具有重要的价值。

邵飘萍赞扬无产阶级领袖列宁的革命精神,称颂俄国实行的社会主义是"世界历史上之一新纪元",预言"今后果见社会主义之成功,其影响于世界,将较诸美国独立法国革命之威力为尤著"[1]。在书中,邵飘萍站在劳苦大众的立场上,阐明为实行社会主义的革命暴力与维护专制者利益的反革命暴力的本质区别,肯定无产阶级使用暴力的正义性和必然性,有力地反击了世界反动势力的舆论攻击,为资本家、地主压迫下的人民的暴力革命和无产阶级专政伸张正义,也促使国人明白真相、有所觉醒[2]。为了揭露反对派散发的谣言和污蔑,邵飘萍用了十三章的篇幅列举了大量的事实,从政治组织、经济设施、军队编制、教育事业、外交等各方面详尽地介绍俄国新政权成立两年来所取得的巨大成就。他还专门列出第二十三章为《列宁评传》,介绍了列宁的生平和革命经历,对列宁领导广大人民几经苦战、最终粉碎国内外反动势力的非凡军事才能十分钦佩,并预言毅力、才能过人的列宁"以其可惊之力量能将已发现之新理想彻底实行,且彼确信民众创造之力为无限"[3]。

《综合研究各国社会思潮》一书由蔡元培先生题签,1920年4月由商务印书馆出版,在全国30多个大中城市发行,引起极大反响,并流传到中国香港和新加坡等地。该书分两编:上编详细介绍了马克思、恩格斯的生平及《资本论》《共产党宣言》中的思想。书中对《共产党宣言》给予了高度评价:"此宣言之内容,至今世界各国学者研究社会主义,每引证之,以为立说之张本,占重要之地位。"下编分别介绍了国家社会主义、马克思社会主义、马克思主义之"修正"、无政府主义、布尔什维主义、基尔特社会主义等当时流行的各种主义[4]。

在书中,邵飘萍对马克思之思想进行了概括,认为大体包括哲学、社会学与经济学三个

---

[1] 邵飘萍著:《新俄国之研究》,东瀛编译社,1920年,绪言第2页。
[2] 旭文编著:《邵飘萍传略》,北京师范学院出版社,1990年,第79-80页。
[3] 邵飘萍著:《新俄国之研究》,东瀛编译社,1920年,第87页。
[4] 旭文编著:《邵飘萍传略》,北京师范学院出版社,1990年,第74页。

方面(哲学方面有唯物论,社会学方面有唯物史观,经济学方面有剩余价值说),并对三个方面进行了完整、全面的介绍。邵飘萍指出,唯物史观是马克思哲学的基础,也是其重要的组成部分,并明确地认识到马克思主义哲学是辩证唯物主义和历史唯物主义的统一。他阐述了物质和意识的关系问题:意识是客观世界的主观映像,意识对物质有依赖性;物质决定意识,即物质第一性,意识第二性,物质基础决定上层建筑的发展。对剩余价值理论,邵飘萍给予高度评价:"阐明今日资本家之富,皆从劳动者之剩余价值中榨取而得,非但学说上放一异彩,直授劳动阶级实际运动上以一极有力之根据,与其唯物史观同为造成科学的社会主义之二大要素。"①邵飘萍从何为价值、劳动力与价值、劳动力成为商品与资本主义发展、剩余劳动与剩余价值四个方面对马克思的剩余价值理论进行了阐述。

2. 创办进步报刊

五四运动前后,邵飘萍不满足于《综合研究各国社会思潮》和《新俄国之研究》的出版,而决心把《京报》办成表达公正舆论的有力武器。因此,他在复刊了的《京报》阵地上以及《东方杂志》等报刊上,继续同封建军阀和帝国主义做斗争,同时大造革命舆论,报道十月革命后苏维埃俄国的新成就,介绍中国国内先进分子的革命斗争活动,旗帜鲜明地宣传马克思列宁主义。他感动于苏俄对华宣言释放出的真诚与平等待我的态度,积极建议中国与俄国建交。1922年,邵飘萍从苏俄外交部副部长越飞的中国之行看到了中俄关系的转机,即在《京报》上发表《促中俄外交关系之进步》,运用事实说明苏俄政府与沙俄政府在外交政策特别是对待中国问题的态度上有所不同,希望中国政府特别优遇俄国代表,时机成熟时应承认俄国新生政权。然而当时的中国政府并没有采纳邵飘萍为代表的进步舆论的建议。不久,越飞患病回国,中俄谈判陷入停滞状态。1923年9月,苏俄第三位代表喀拉罕飞抵北京,邵飘萍在《京报》举行的欢迎宴会上,对近几年来《京报》关于苏俄的报道进行了总结性发言。邵飘萍力促中苏建交,为随后的中国"以俄为师、以俄为友"奠定了良好的基础,客观上营造出一种良好的氛围,推动了马列主义在中国的传播。

在邵飘萍主持下,《京报》创办副刊《北大经济学会半月刊》,这是一份讨论经济问题的重要刊物。1923年1月16日,该刊刊登《社会主义下的经济基础》,这是中国共产党的创建人之一李大钊在北大经济学会上的演讲全文。2月11日,《京报》附刊《教育新刊》刊出刚从苏俄归来的瞿秋白的文章《苏维埃俄罗斯之教育政策》;4月22日,又刊登上海共产党小组成员陈为人的文章《俄国劳农政府对于教育事业的建设及其经过》。这些关于共产党人的活动报道和他们所撰文稿的发表,在读者中引起强烈的反响。1923年5月5日,值马克思诞辰105周年之际,《京报》公开发行马克思主义研究会编辑的《纪念马克思特刊》,发表了九篇介绍马克思主义学说的文章及马克思的两首诗,并刊登了马克思及其夫人燕妮的照片,免费赠送给订户。特刊还专门介绍和评价了马克思的科学社会主义学说,特别强调马克思是一个"社会之实际运动的战士",强调马克思主义要与中国实践相结合。1924年3月,《京报》发行了一期《列宁特刊》。这些报道突出体现了苏维埃社会主义的现状,展现了布尔什

---

① 邵振青编著:《综合研究各国社会思潮》,商务印书馆,1920年,第87页。

维克党人的活动,加深了读者对马列主义的认识,引起了强烈反响。

3. 参与有组织的宣传活动

1920年3月,在李大钊的倡导下,马克思学说研究会在北京大学成立,这是中国最早研究和传播马克思主义的革命团体。研究会成立的主要目的是研究马克思主义的经典著作,搜集有关马克思学说各种文字的图书资料,并加以编译,组织讨论会和专题研究,主办讲演会、纪念会。研究会的会员大多是早期的中共党员和青年团员,邵飘萍也是成员之一①。马克思学说研究会成立了一个名为"亢慕义斋"②的藏书室,用于收藏共产主义图书,收集了中国、英国、俄国、德国、日本等各个国家不同文字的图书、报纸、杂志,多达数百种,这对研究马克思主义起到了重要作用。研究会的一部分成员还建立了翻译组,曾经翻译过《康慕尼斯特丛书》《列宁丛书》《马克思丛书》等。

邵飘萍由于曾经留学日本,精通日文,所以经常去翻译组帮助翻译和校对马克思主义经典著作。同时,对于研究会很多出版物和相关文献的印刷工作,邵飘萍都通过自己办报纸的便利条件给予积极帮助。当时,研究会不仅经常研究和探讨马克思主义基本原理和国内外发生的政治大事,而且还非常关心具体的斗争现状,传播马克思主义思想并组织各种活动,如马克思诞辰纪念会、对唐山工人罢工斗争的声援、李卜克内西纪念会、卢森堡殉难四周年大会等。为此,邵飘萍经常在《京报》上刊载文章,介绍马克思学说研究会的宣传活动。他不畏强权的勇气与宣传马克思主义的热情在当时的报界是独一无二的。

作为中国共产党的外围宣传组织,马克思学说研究会对中国传播马克思主义具有十分重要的意义。邵飘萍主动参加这个组织,实际上是他直接参加革命组织的体现,这比他仅仅参与学术研究的意义更为重要。在马克思学说研究会中,邵飘萍充分发挥自己的优势,密切接触马克思主义和革命斗争思想,并给予这个中国共产党的外围宣传组织许多关键的支持和帮助。

结语

邵飘萍是中国系统宣传马列主义的早期代表人物,这与他的新闻事业不可分割。他首创新闻编译社,打破了帝国主义在华通讯社的垄断局面;开办《京报》,注重在调查之基础上向民众提供外交、经济、政治、社会等方面各种信息,揭示了封建政府的黑暗和残暴;撰写了《新闻学总论》《实际应用新闻学》等中国最早的一批新闻学著作,推动设立了新闻研究会,培育人才,开辟了中国新闻事业的新局面,也为中国培养了一代报人。他还经常在自己创办的《京报》上积极宣传马列主义、十月革命的胜利及苏维埃政府的各项政策,为马列主义在中国的早期传播做出了不可磨灭的贡献。他也正是由于大力宣传马列主义,毫不留情地批判当权的封建势力,而为封建军阀所不容,成为新闻战线上因宣传马列主义而较早牺牲的中国共产党员。

---

① 郭汾阳:《铁肩辣手——邵飘萍传》,浙江人民出版社,2006年,第202页。
② "亢慕义"是德文Kommunismus的音译,意为"共产主义"。

主要参考文献

[1] 旭文.邵飘萍传略[M].北京:北京师范学院出版社,1990
[2] 《中华文化通志》编委会.中华文化通志:艺文·新闻志[M].上海:上海人民出版社,2010
[3] 斯诺.西行漫记[M].董乐山,译.北京:生活·读书·新知三联书店,1979
[4] 邵飘萍.新俄国之研究[M].大阪:东瀛编译社,1920
[5] 邵振青.综合研究各国社会思潮[M].上海:商务印书馆,1920
[6] 华德韩.邵飘萍传:报业巨子 新闻导师[M].杭州:杭州出版社,1998
[7] 浙江省东阳县委员会文史资料工作委员会.东阳文史资料选辑:第二辑[Z],1985

论金佛庄的共产党人品格

摘要：金佛庄是中国共产党历史上第一个血洒雨花台的革命烈士，也是中国共产党最早的军人党员之一。金佛庄的一生是短暂的，但是无论是早年投笔从戎，毅然信仰马克思主义，加入中国共产党，投身革命斗争，还是后来国共合作时期任职黄埔军校，东征北伐，战功卓著，乃至最后不幸被捕，英勇就义，无不表现出一个共产党人的优秀品格。

关键词：金佛庄；共产党人；优秀品格

金佛庄自幼品行优秀、学习上进、精益求精，少年时就立志科学救国，然而他在目睹军阀反动统治下国家的日益沦丧，人民生活的水深火热之后，又决意投笔从戎，最终毅然信仰马克思主义，加入中国共产党，投身中国革命。在革命岁月中，他听从党组织的安排，积极参加国共合作，任职黄埔军校和国民革命军。在后来的东征战斗和北伐战争中，表现英勇顽强，身先士卒，多次荣立战功，受到表彰。最后，他在南京不幸被捕，血洒雨花台，为后人所敬仰。金佛庄不愧是一个坚强的中国共产党战士，他身上处处表现出的共产党人的优秀品格弥足珍贵，他永远是共产党人学习的光辉榜样。

一、追求真理、立志报国的人生追求

路漫漫其修远兮，吾将上下而求索。"人生最高之理想，在求达于真理"，这是李大钊的名言。初心源于理想和锐气，使命源于信仰和责任。古往今来，追求真理是众多仁人志士的人生理想和奋斗目标，正是他们的抛头颅洒热血，推动着社会的发展与进步。作为一个优秀的共产党人，他的底气就来自坚定的理想信念、深厚的理论素养和执着的真理追求，来自他始终把自己的命运与祖国、民族和人民的命运紧密地联系在一起。

金佛庄出生在动荡的战乱年代，从小就目睹了国内军阀混战、民不聊生的悲惨景象，加之家境贫寒，备尝生活的艰辛，深知父母的不易，因此养成了忧国忧民的情怀、沉稳坚强的性格，这也奠定了他一生俭朴清廉、仁爱慷慨、追求真理、立志报国的根基和情怀。他在《金佛庄自述》中曾追忆：家中父母"遣儿求学，吃尽艰辛，佛庄亦深感其痛苦"①。艰苦的环境促使金佛庄有了更加强烈的求知欲和上进心，他暗暗下决心，一定要刻苦攻读，奋发图强，立志以掌握科学知识而报效国家，慰藉父母。在读了数年私塾后，16岁的金佛庄到湖溪忠清书院（现为东阳市湖溪高级中学）读高小。青年时代，面对多灾多难的祖国，金佛庄表现出强烈的忧国忧民的赤子之心，痛下决心要为民族独立和人民解放而努力奋斗。1915年，为实现"科学救国"的理想，18岁的金佛庄考入东阳县立中学。就在这一年，袁世凯与日本帝国主义签订了丧权辱国的二十一条卖国条约，全国上下群情激愤。消息传到东阳，使得性格刚直的金佛庄痛心疾首，他认为书斋里培养不出救国英雄、济民好汉。于是，他拍案而起："为国家人才乎！为世界人才乎！从军乎！眼见国家将亡，不应徒作书生，默默以终也。"②在深重的民族危机面前，"科学救国"的理想瞬间化为了泡影，他萌发了舍去研究科学而从军报国的思想。当然，他还是一如既往地在学校刻苦读书，直至中学毕业。这为他日后在保定军校学习和后来成为黄埔军中的文武全才奠定了坚实的基础。

中学毕业后，金佛庄就开始践行他的新理想，决心弃文从武。在他的努力下，1918年，他顺利通过考试，被保定陆军军官学校录取，成为该校第八期步兵科军官候补生。在等待入学的日子里，父母试图给他包办婚姻，他坚决反对，挥毫写了一篇《论婚姻问题》的文章，主张恋爱自由、婚姻自主，反对包办。经过在保定军校一段时间的学习和观察，作为军官候补生的金佛庄，一方面目睹了北洋军阀祸国殃民和旧式军队的黑暗腐败，另一方面又看到军校内部旧军阀体制下的官兵不平等，军官克扣、打骂等欺压士兵的现象时有发生。于是，他又渐渐对自己选择的"从军报国"之路产生了怀疑。而随后五四运动的爆发，使他的思想又经受了一次洗礼："五四运动起，思想大变，厌恨军阀并自厌为军人之心甚切，企图改业。"③他一再目睹军阀混战给老百姓带来的苦难，残酷的现实再次深深地教育了他，简直难以想象军校毕业后就要把自己委身于一个野心家。为了实现救国救民的理想，他再次做出人生选择，毅然重拾"科学救国"的梦想。适逢1920年直皖战争爆发，军校一度停办。于是，他转而考取了厦门大学，旨在"研究教育与文学"，以求"改造社会"。在厦门大学读书，使他比在军校时思想上大为开放，得以自由接触、探索各种新的学说和思潮。然而，此时的金佛庄心底依然既有希望，又有迷惘。希望的是，在这里他能学到经国济世的本领，能够学到让民众吃饱穿暖的本事。迷惘在于，当下时局似乎越来越不可能让一个才华横溢的人施展抱负，到处是不讲理，到处是不合理，到处是民怨沸腾，到处是民不聊生。残酷的现实让金佛庄寝食难安，他经常在夜深人静的时候枯坐难眠，怅然叹息。最终，他又幡然醒悟："倘若空有腹中学问，但手中没有一兵一卒，自己顶多算风中的芦苇，芦苇再强壮，也扛不住厉风吹

---

① 中共浙江省委党史资料征集研究委员会办公室、浙江省社会科学院历史研究所编：《不朽的战士——浙江革命英烈传》（第一集），浙江人民出版社，1986年，第7页。
② 中共浙江省金华市委党史办公室编：《金华英烈》，浙江大学出版社，1992年，第13页。
③ 董玉梅：《追忆中国共产党早期名将金佛庄》，《武汉文史资料》2000年第5期。

拂、苦雨敲打。"①因此,1921年10月,金佛庄又决定重启军旅生涯,毅然返回保定陆军军官学校继续求学。求学期间,金佛庄铭记学校"守信、守时、苦读、勤练、爱校、爱国"的校训,在军校接受严格军事训练的同时,不断磨炼自己的意志和品格。从此可以看出,金佛庄无时无刻不把自己的前途命运、理想追求和国家、民族的前途命运联系在一起,坚持不懈地领悟和追求人生的价值与意义。

二、坚定信仰、矢志不渝的理想信念

马克思主义揭示了人类社会发展规律,是推动人类历史不断前进的科学理论,是指导无产阶级革命实践和改造旧社会、建设新社会的强大思想武器。只有坚信马克思主义真理,炼就共产党人自己的"金刚不坏之身",才能坚定共产主义的理想和信念,才能实现报效祖国和人民的人生追求。对此,金佛庄坚信不疑,不管风吹浪打,始终毫不动摇。

1. 接受马克思主义,自觉进行无产阶级思想改造

中国共产党成立以后不久,马克思主义和许多西方思潮在中国传播开来。金佛庄和当时国内许多爱国知识分子一样,满腔热情,如饥似渴地学习、研究、吸收新思潮、新学说,探求救国救民的真理。作为一个具有独立思考能力的人,他接受马克思主义的过程就充分反映了一个知识分子的心路历程。他一回到保定军校,就挥笔写下以"手段与目的"为主题的《佛庄日录》,记载了自己比较、寻求人生真谛的心路历程。他写道,有位"事学者"曾告诉他:"人之可贵者,在于思想,不有思想安有价值之人生。思想者实质也,体也。行为者形式也,用也。所谓人生,精言之,不外观念之积体。人生从事于概念之生活,即可把人生之真粹,而谋所以促进之。"②对这种把思想、观念当作人生根本与实质的唯心主义世界观,金佛庄持怀疑和否定态度。他说:"余谢领其训。则因思及柏拉图之观念论,并及黑格尔之理智主义之哲学。夫宇宙系概念而组织、排置乎?康德统物质精神于悟性之上,所谓悟性系何物乎?康德所谓先天之形式者究有何义?"他认为:"人生附物质而行,必然也。然物质者精神之束缚也。人生进行,一方解放物质之拘束,他方有建设物质以利我精神;卒之破坏不已,建设不已。""人生不有所为则已,欲有所为,赤裸裸而奋斗必不可免。"③这表明,这时的金佛庄已经初步接受了视物质为精神之基础,同时又承认物质生活和精神生活相互制约、相互促进的辩证唯物主义世界观。这种认识和思考,为他成为一个优秀共产党人奠定了思想基础。

2. 认真学习和阅读马克思主义著作,自觉树立马克思主义信仰

在保定军校学习的日子里,金佛庄不仅品行兼优,深受教官的赏识,而且为人处世得体

---

① 中共浙江省委党校编著:《红色基因——浙江早期共产党人的初心》,党建读物出版社,2019年,第33页。
② 李新勇著:《风向与信仰——金佛庄烈士传》,江苏凤凰文艺出版社,2017年,第34页。
③ 中共浙江省委党史资料征集研究委员会办公室,浙江省社会科学院历史研究所编:《不朽的战士——浙江革命英烈传》(第一集),浙江人民出版社,1986年,第9页。

大方、举止儒雅、言行端庄,也深受同学爱戴。这时,他开始研究社会政治学,开始信仰马克思主义。在金佛庄的思想发展过程中,中共一大后出版的马克思主义方面的书籍起了决定性作用。他密切关注着国内时局发展和社会进步思潮,大量阅读马克思主义书籍,诸如《共产党宣言》《经济学研究·导言》《社会主义从空想到科学的发展》《社会主义史》等,还有如《一个士兵的故事》《工人的对话》《工会》《共产党人是什么样子的人》等许多宣传小册子。通过对这些重要著作的学习,金佛庄的思想认识和阶级觉悟不断提高,他逐渐认识到了造成社会不公的根源,开始树立起马克思主义的信仰。这些著作可以说为金佛庄提供了一条直抵共产主义真谛的捷径,正因此他才接触到马克思主义,才有可能与同学们组织进步社团,一起讨论时局,研究马克思主义并成为马克思主义的忠实信徒,最终成为一名坚定的共产主义战士。

3. 坚定理想信念,坚守精神追求

一旦树立了马克思主义的信仰和共产主义的理想信念,就会至死不渝、舍生取义,这也是一个共产党人的优秀品格。金佛庄就是这样的一个共产党人。1922年上半年,在中国社会主义青年团(中国共产主义青年团前身)成立后不久,金佛庄就加入了这个组织。9月,他又光荣地加入了中国共产党,成为一名正式的中国共产党党员。之后,金佛庄就开始投身到中国早期的共产主义运动中而义无反顾。习近平总书记指出:"坚定理想信念,坚守共产党人精神追求,始终是共产党人安身立命的根本。对马克思主义的信仰,对社会主义和共产主义的信念,是共产党人的政治灵魂,是共产党人经受住任何考验的精神支柱。形象地说,理想信念就是共产党人精神上的'钙',没有理想信念,理想信念不坚定,精神上就会'缺钙',就会得'软骨病'。"[①]金佛庄始终对信仰和真理矢志不移,为民族独立和人民解放英勇献身,真正做到了《入党誓词》里写的"对党忠诚,积极工作,为共产主义奋斗终生,随时准备为党和人民牺牲一切,永不叛党"的誓言。在黄埔军校和北伐战争期间,金佛庄所立功勋,广为认可。当时蒋介石虽然排挤共产党员,但对于真正有才华的共产党员他还是想收为己用。尽管金佛庄是一位身份公开的共产党员,可蒋介石非常赏识他的才华,企图利用"浙江同乡"的关系来拉拢金佛庄,曾不止一次暗示他只要脱离共产党,就予以重用,就会有远大前程。但是,金佛庄忠于党的共产主义事业,始终不为所动。而蒋介石却一直不死心,对金佛庄仍然十分器重。1926年7月,国民革命军总司令部建立,蒋介石重新对金佛庄委以重任,让他担任总司令部警卫团少将团长。让一个著名的共产党人在自己身边担任要职,这在"中山舰事件"之后是极为罕见的。北伐战争开始后,金佛庄在总司令部所起的作用非同一般,"总部出发湖南,兼临时指挥官,军进汉皋,留守长沙,遇事精勤,蒋中正倚之如左右手"[②]。同时,蒋介石也加紧了对金佛庄等人的拉拢。于是,金佛庄把蒋介石拉拢他们的情况向党中央如实汇报,中央则指示他佯装被拉拢,以便秘密监视蒋介石。在蒋介石的威逼

[①] 习近平:《紧紧围绕坚持和发展中国特色社会主义 学习宣传贯彻党的十八大精神》,参见《十八大以来重要文献选编》(上),中央文献出版社,2014年,第80页。

[②] 李新勇著:《风向与信仰——金佛庄烈士传》,江苏凤凰文艺出版社,2017年,第112页。

利诱面前,金佛庄始终保持了中国共产党人的初心使命和责任担当。为了追求革命真理,追求民族独立和人民解放,他早已把个人生死置之度外。他因宣传革命运动、传播革命思想,加之同志间通信泄密被浙江反动当局拘捕入狱,但始终以大无畏的勇气,不屈不挠,坚守战斗岗位,后经保定军校老校长蒋百里和全浙公会负责人殷汝骊等名流人士多方营救获释。经过此番波折,金佛庄不仅没有放弃反而更加坚定了自己的信仰。经过一段的革命斗争历练,他得出了两条重要的经验教训:一是光有信仰还不够,必须机智勇敢,光有机智勇敢还不够,谋事和行动必须细致入微、丝丝入扣;二是对于革命者来说,每一刻也许都是最后,要么取义成仁,要么全身而退,因此必须从思想到行动随时做好慷慨赴死的准备,只要不留下任何证据,就能为自己、为革命同志争取逆转厄运的可能。因此,后来在被直系军阀孙传芳秘密逮捕后,他大义凛然,毫无惧色,为了自己坚定的革命信仰慷慨赴死,血洒雨花台。总之,金佛庄以其追求真理的勇气和矢志不渝的忠诚,为处在新时代的中国共产党人树立了信仰的高标和英勇的典范。

三、襟怀坦荡、待人以诚的道德情怀

襟怀坦荡、待人以诚也是中国共产党人的光荣品格。君子者,待人以诚,与人为善,堂堂正正,光明磊落,不计较个人得失,当然心胸坦荡,积极乐观;小人者,奸佞虚伪,精于算计,斤斤计较,自我中心,过于注重个人名利,当然鼠目寸光,消极悲观。由此可见,真正的君子往往具有阳光心态。金佛庄就是这样一位君子,一位具有伟大人格魅力和崇高道德情操的优秀共产党人,这主要体现在他胸怀坦荡、光明磊落地与人交往当中。

早在保定军校学习期间,金佛庄就因品行优秀、为人处世得体大方、举止儒雅、言行端庄,深受教官和同学的喜欢。在以优异的成绩从保定军校毕业后,金佛庄先在上海闸北淞沪护军使署当见习排长,不久又在浙军第二师陈仪部任排长。对即将担任的职务,他只用八个字来回答:"身先士卒,善待战士。"① 金佛庄不仅这么说,而且也是这么做的,始终胸襟坦荡,以诚待人,与士兵们同甘共苦,因而深受他们的爱戴。如别的排长一天到晚让士兵伺候,洗衣洗脚,而他却与士兵同吃同睡,一起训练;他要求士兵做到的,他自己必须第一个先做到。上行下效,表率的作用是无穷的。于是,下面的班长纷纷效仿,从前要靠打骂才能勉强树立起来的威信,现在却在和睦融洽的氛围中就能实现。又如,当时的军队里士兵大多不识字,甚至自己的名字都不会写,给家人通信往往请营房外的字馆代写,字馆态度不好且收费颇高。而金佛庄完全没有排长的架势,不仅可蔼可亲,而且还能处处为他们着想,可以随时替他们提笔写家书,不收一分钱,不抽一支烟,教育感化了许多士兵。与此同时,针对旧军队存在的陋习,金佛庄很重视士兵的思想教育。他每周要对士兵训话一次,以士兵曾经遭受过的屈辱和欺压为例子,激励士兵们勤恳训练,以便在战争中不无谓牺牲性命,能克敌制胜。他教育士兵们要团结,在战场上,战友比自己的父母兄弟还要亲密,能够救自己的命,能够以命相搏;要遵纪守法,说话和气,买卖公平,行军驻扎要秋毫无犯,不打人骂人,不

---

① 李新勇著:《风向与信仰——金佛庄烈士传》,江苏凤凰文艺出版社,2017年,第50页。

损坏庄稼，不调戏妇女，才会赢得老百姓的支持；服从命令，令行禁止；狭路相逢，勇者必胜。他往往一次讲一个重点，每一次都讲深讲透，既教做人道理，又讲处世之道。他的部队官兵都深受教益，战斗力越来越强。这样，金佛庄也声名鹊起，很快便由排长升任副连长，不久又升任营长。但是，不管官升几级、身处何在，他都始终不变，保持本色。他还是那么和睦友善，平易近人，以诚相待，有求必应。正因如此，他深得广大士兵的拥护，士兵都以有这样的长官而感到自豪。1924年，在金佛庄受党组织委派到广州参加黄埔军校的创建工作和担任黄埔军校第一期第三学生队上尉队长期间，他始终保持这样的本色，待人诚挚谦逊，做事扎实可靠，身先士卒，既做表率，又做导师，深得人心。这些无不表现出一个共产党人襟怀坦荡、待人以诚的道德情怀，值得今天的中国共产党人学习。我们要做到不忘初心，牢记使命，必须树立起共产党人这样的道德情怀。

四、担当有为、不畏牺牲的拼搏精神

坚守党员本色、践行使命担当、不怕牺牲是中国共产党人的宝贵品格。一部中国共产党的历史，就是一部牺牲小我、成就大我的践行使命、勇于担当的历史。共产党人从来没有自己的特殊利益，共产党人从来都有一副知重负重的铁肩膀。这里有"生是为中国，死是为中国"的慷慨悲壮，有"宁愿一人脏，换来万家净"的无私奉献，有"绿我涓滴，会它千顷澄碧"的鞠躬尽瘁……在为人民谋幸福、为民族谋复兴的奋斗征程中，一批又一批共产党人前赴后继、忘我奉献，用火热的赤子心赢得了"万人心"，挺立起民族不屈的脊梁。为了理想和信仰，为了党和革命事业，随时准备牺牲个人的一切，何其勇毅，何其豪迈！回顾历史，人民为什么选择共产党，中国为什么选择共产党，历史为什么选择共产党，一个很重要的原因就在于此。

作为一个有志青年，金佛庄从很早就立下报国救国的理想。从一开始的"科学救国"到后来的"军事救国"，无不表现出其强烈的对国家和民族未来的使命担当。在选择信仰马列主义，加入中国社会主义青年团后不久，他就从改造社会、救国救民的宗旨出发，联络军校内的志同道合者组织了先进的革命组织"壬戌社"，以"罗致各省革命军人同志，以谋中国之革命"[①]。为此，他设想了一个分成三个阶段，逐步掌握军事实力以改造中国的方案："第一步是个人的方法，其历程自（初级军）官至中级军官。第二步是部分的方法，其历程自中级军官至据有势力之中坚人物。第三步是全体的方法，是中国改造的实现。"[②]他还一再地告诫这个团体里的同学们，如果将来真的掌握了一定的军事实权，决不能忘却和背叛革命的宗旨。尽管正如金佛庄自己所承认的，这些方法总有不完备的地方，有的甚至是行不通的，但这充分显示出他已具有以夺取全国政权、推翻封建军阀旧势力、彻底改造整个中国社会为己任的精神，这是他向共产主义者转变时提出的改造中国的蓝图。

---

① 中共浙江省委党史资料征集研究委员会办公室，浙江省社会科学院历史研究所编：《不朽的战士——浙江革命英烈传》（第一集），浙江人民出版社，1986年，第10页。

② 李新勇著：《风向与信仰——金佛庄烈士传》，江苏凤凰文艺出版社，2017年，第38页。

金佛庄入党以后，在党组织领导下，更加自觉地从事革命工作，宣传革命运动，并能运用唯物辩证法观察一切。其革命思想不断提升，他积极参加中国社会主义青年团杭州地委组织的进步青年团体"杭州青年协进会"的活动和《协进》半月刊的编辑出版工作，以"宣传主义""吸收同志，向外活动"。他还接受杭州地方团组织安排，抽出时间，为公开发行的《浙民日报》负一部分责任，利用这一公开的舆论阵地，传播革命思想。他始终服从党组织的安排，坚守自己的工作岗位。由于才华出众，当时金佛庄升任浙军第二师陈仪部下营长之职。江浙军阀混战时，党组织决定密令"金佛庄同志相机作反对战争之宣传，应随营上阵，不可失掉原有位置"，以便保存自己在军队中的实力，今后可为革命所用。金佛庄始终服从组织安排，坚守岗位，并及时向中共上海地方兼区执行委员会"报告杭州情形"。后来，因工作需要，他又服从组织安排，前往广州参与黄埔军校创建工作，出任军校第一期第三学生队上尉队长。共产党人的使命担当，促使他心系党和革命力量的发展壮大。他不仅坚决支持和参加了以共产党员、青年团员为骨干的"中国青年军人联合会"，还同该组织的主要领导人蒋先云、周逸群等一起，同军校中的国民党右派及其操纵的"孙文主义学会"进行了针锋相对的斗争。在此期间，为建立新型的革命军队，他还在浙江的《责任》周刊和上海的《新建设》杂志上发表长篇论文《军官的心理》，深刻揭露旧式军队内部腐败黑暗的上下级关系和军官们的不良心理，为彻底改造旧式军队、建设新型的革命军队制造舆论。他在文中运用马克思主义关于人们的社会存在决定人们的社会意识的历史唯物主义观点，不仅从时代潮流、军队组织，而且从旧军队的精神生活和物质生活方面，详细地剖析了这些因素对那些掌握着枪杆子的旧式军队中各级军官们心理的影响。并且认为，如果没有明确的革命理想和宗旨，没有强有力的政治思想工作，虽然不能绝对地排除极少数的正直军官"也有热心爱国，不骛求名利的"，但绝大多数的军官"大有非发财不可的心理"，尤其是"上级军官径直是放纵生活""为所欲为"。其结果便是："中国无目的而黑良心的军官的捣乱，已经由少数变为普遍的骚动。"①所以，他要求国人"兴改革之念"，为推翻北洋军阀的反动统治而进行斗争。字里行间无不表现出一个共产党人对北洋军阀反动统治的厌恶和对建立革命军队的渴望，以及对国家和民族前途命运的使命担当。

这种使命担当和大无畏的牺牲精神，也表现在金佛庄日后率领国民革命军的东征和北伐战争过程之中。从1924年12月起，金佛庄先后任黄埔军校教导团第二团第三营营长、国民革命军第一军第一师第二团党代表和团长等职。为了巩固大革命时期的广东革命据地，他率领以黄埔军校学员为骨干的革命军，参加了平定广州商团和滇桂军阀"刘杨"叛乱，以及讨伐广东军阀陈炯明的两次东征。他在历次战役中，冲锋陷阵，身先士卒。"作战计划，尤为周密，盖金君智勇兼备，(不)特能决胜疆场，且能运筹帷幄也。"②正因他所率领的第三营"勇敢善战，勋绩灿然"，为教导二团获得了"党军荣誉"旗。回师广州，平定"刘杨"叛乱时，"第三营常为战线之中坚者"，出色完成了强攻龙眼洞、观音山等战斗任务，受到上级嘉

---

① 中共浙江省委党史资料征集研究委员会办公室，浙江省社会科学院历史研究所编：《不朽的战士——浙江革命英烈传》（第一集），浙江人民出版社，1986年，第12页。
② 中共浙江省金华市委党史办公室编：《金华英烈》，浙江大学出版社，1992年，第18页。

奖。在北伐军攻占南昌战役中,金佛庄作为总司令部警卫团少将团长,率部队来到前线,更是指挥冲锋,身先士卒,以猛虎下山、锐不可当之势将敌军击退,并乘势冲过蛟桥,压迫敌之侧背,会同各友邻部队,齐向南昌城进发,为攻克南昌立下赫赫战功。这种冲锋陷阵、身先士卒的献身精神,就是一个优秀共产党员的崇高品德。

金佛庄的赴义牺牲,又何尝不是这种置生死于度外的大无畏献身精神和品德的体现呢!不入虎穴焉得虎子,我不下地狱谁下地狱。面对南昌攻克后孙传芳部的"五省联军"盘踞苏、浙、皖诸省负隅顽抗的严峻形势,金佛庄主动请缨前往浙江、上海等地,旨在通过以前在浙军中服务时的旧交关系和人脉,秘密策划浙军部队迅速起义。他明知此去是虎穴,任务极其机密重要而且危险艰难,稍有不慎就可能立遭杀身之祸,但还是义无反顾、自告奋勇地说:"为了革命的胜利,虽赴汤蹈火,皆所不辞!"①这表现出了一个中国共产党人在反帝反封建的国民革命中的大无畏精神,他不愧是一个最忠诚、最积极、最勇敢、最富有牺牲精神的先锋战士!遗憾的是,后来由于行踪被泄露,他不幸在南京下关码头被捕。虽经上海的国共两党组织和同志们多方设法营救,但还是被孙传芳军阀集团秘密杀害于南京雨花台,年仅29岁。真是壮志未酬身先死,留取丹心照汗青。金佛庄用自己的实际行动践行了入党誓言,短暂的一生知行合一、恪守初心、牺牲个人、无私奉献,具有强烈的责任感和使命感。他不怕困难,恪尽职守,锐意进取,明知山有虎,偏向虎山行,在任何一个危难关头,总是临危不惧,冲在最前面,站在最险处,用共产党人的血性书写了自己对党、对祖国和对人民的赤胆忠心。

主要参考文献

[1] 中共浙江省委党史资料征集研究委员会办公室,浙江省社会科学院历史研究所.不朽的战士:浙江革命英烈传(第一集)[M].杭州:浙江人民出版社,1986

[2] 中共浙江省金华市委党史办公室.金华英烈[M].杭州:浙江大学出版社,1992

[3] 李新勇.风向与信仰:金佛庄烈士传[M].南京:江苏凤凰文艺出版社,2017

[4] 中共浙江省委党校.红色基因:浙江早期共产党人的初心[M].北京:党建读物出版社,2019

[5] 董玉梅.追忆中国共产党早期名将金佛庄[J].武汉文史资料,2000(5):9-13

[6] 刘冰.蒋介石与金佛庄之死[J].民国春秋,2000(6):43-46

[7] 刘传吉.蒋介石为他枪杀两员降将:北伐战争中的"金佛庄事件"[J].文史天地,2019(11):14-17

[8] 吴红梅.金佛庄被出卖的原因追溯[J].党史文汇,2011(1):33-35

---

① 中共浙江省金华市委党史办公室编:《金华英烈》,浙江大学出版社,1992年,第20页。

简析徐英的崇高革命献身精神

摘要：徐英于1925年冬加入中国共产党,先后担任中共宁波特支书记、中共宁波地委委员、武义县委书记、中共浙江省委常委等职,是中共浙江省第五任省委书记,也是大革命时期浙江省委最年轻的书记。"要以自我牺牲的精神英勇战斗",这是徐英烈士在监狱中对难友说的一句话,也是他英勇战斗一生的光辉写照。他不幸被捕入狱后,威武不屈、大义凛然、视死如归,战斗到生命的最后一刻,表现了一个共产党人无所畏惧的崇高献身精神,值得新时代中国共产党人学习和弘扬。

关键词：徐英;革命品格;牺牲精神

"要以自我牺牲的精神英勇战斗",这是徐英烈士在监狱中对难友说的一句话,也是他英勇战斗一生的光辉写照。他是浙江省著名的革命烈士,是新中国成立前浙江党的历史上牺牲的9位省委书记之一。徐英出身贫寒,从小父母双亡,由姐姐抚养长大。13岁就外出打工谋生,历尽沧桑,饱尝世间冷暖。他是从武义山乡里出来,经过五卅运动的洗礼,走上革命道路的。加入中国共产党后,他曾先后担任中共宁波美球针织厂支部书记、中共武义县委书记、中共浙江省委常委及省委书记、中共中央巡视员、中共宁波特支书记等重要职务。在国民革命时期,他投身宁波的工人运动,为宁波工人运动的迅猛发展做出了重要贡献。国民革命失败后,在严重的白色恐怖下,他仍然一直坚持斗争,不为国民党的残暴和屠杀所吓倒。1927年冬,他毅然回家乡重建了中共武义县委,并担任县委书记,领导家乡人民开展反抗国民党反动统治的斗争。在革命的危难时刻,出任中共浙江省委书记,为恢复、发展全省党的组织和开展武装斗争呕心沥血。被捕后,在监狱中他威武不屈、大义凛然、视死如归,他"把法庭当战场","把监狱作熔炉",与敌人战斗到生命的最后一刻,表现了一个共产党人无私奉献、不怕牺牲的崇高精神。

一、组织领导宁波的工人运动

徐英从小就生活在社会底层,备受困厄,历经沧桑辛酸,加上目睹人世间的不公,对穷苦人抱有强烈的同情。他5岁时父母双亡，由姐姐徐月琴和姐夫抚养，13岁时出外谋生，在古竹村的一家南货店当学徒。他看到店中的长工常常吃不饱，忍饥挨饿地干活，便一有机会就暗地里从店中拿些糕点塞给长工们充饥，后来被店主发觉而遭辞退，被迫离开了这家南货店。进入宁波美球针织厂做工后，徐英发现工人和农民都一样受苦，内心充满了矛盾和愤懑，立志要解救天下受苦人。不久，徐英和一批新工人在上海福华丝边厂培训。这时，上海爆发了一场声势浩大的五卅反帝爱国运动，深深地影响了徐英。

1925年5月15日，上海日商内外棉七厂资本家借口存纱不敷，故意关闭工厂，停发工人工资。工人顾正红带领群众冲进厂内，与日本资本家理论，要求复工和开工资。日本资本家非但不允，还向工人开枪射击，打死顾正红，打伤工人10余人，成为"五卅运动"的直接导火线。第二天，中共中央发出第32号通告，紧急要求各地党组织号召工会等社会团体一致援助上海工人的罢工斗争。19日，中共中央又发出第33号通告，决定在全国范围内发动一场反日大运动。28日，中共中央召开紧急会议，决定以"反对帝国主义屠杀中国工人"为中心口号，发动群众于30日在上海租界举行反对帝国主义的游行示威。同时，为加强工会组织的力量，决定由共产党人李立三、刘华等主持，成立上海总工会。随后，刘少奇到达上海，参加上海总工会的指挥工作。1925年6月1日，上海总工会成立，李立三任委员长。这标志着上海工人运动从分散的状态开始转向集中的有组织的行动。上海工人阶级在总工会领导下，成为一支组织严密、纪律严格的反对帝国主义的主力军，在斗争中发挥了中流砥柱的作用。6月4日，上海总工会与全国学联、上海学联、各马路商界总联合会共同组成的上海工商学联合会宣告成立，上海各界民众结成了反帝联合战线。在中国共产党的领导和推动下，五卅运动迅速席卷全国，从工人发展到学生、商人、市民、农民等社会各阶层，并从上海发展到全国各地，遍及全国25个省区，约600—700个县，有1700万人直接参加了此次运动。北京、广州、南京、重庆、天津、青岛、汉口等几十个大中城市和唐山、焦作、水口山等重要矿区，都举行了成千上万人的集会、游行示威和罢工、罢课、罢市，形成了全国规模的反帝怒潮。

这一革命浪潮在宁波引起了强烈的反响。在上海培训期间，徐英不仅学到了技术，更看到了工人阶级团结战斗的力量。回到宁波以后，徐英就发动全厂的工友成立了工会，并被选为厂里第一任工会主席，大胆领导全厂工人与资本家开展增加工人工资、实行八小时工作制的斗争，迫使厂方接受工人们的正当要求，逐步改善了工人的生活福利条件。在领导工人阶级的斗争中，徐英得到了锻炼，增长了胆识和才干，养成了遇事镇定、沉着的性格，为日后担当重任打下了基础。随后，在王小曼（即王嘉谟）介绍下，徐英光荣地加入了中国共产党，并担任美球厂党支部书记，后又承担了中共宁波地委交通联络员的工作。徐英有胆有识，很快成长为宁波工人运动的领导人之一。在北伐军挺进浙江期间，徐英等人则加紧工会的组织建设，筹建了宁波工人纠察队，为迎接北伐军抵达宁波做准备。他还和宁波市总工会主席王鲲拟了《优待工人条例》颁发全市，极大地鼓舞了工人的斗志，有力地促进了工人运动的迅猛发展。先后新成立80多个基层工会，会员猛增到8万余人。各个基层行业工会纷纷提出改善劳动条件、保障民主权利等要求，进行罢工、请愿和示威游行等多种形式的斗争。在后来国民党"清党""剿共"的乌云密布、恶浪滚滚的形势下，斗争的环境愈来愈险恶。有一次,美球针织厂老板告发徐英在厂里组织工会,带领工人闹事,导致徐英被国民党当局逮捕。在拘留所里,他坚贞不屈,面对敌人的频繁审讯和严刑拷打,丝毫不露真情。而美球厂的工人听到徐英被捕的消息后,义愤填膺,向厂主交涉、抗议,提出"若不释放徐英,我们就不上工"。厂方唯恐事态扩大,难以平息,只得答应保释徐英。就这样,徐英成了宁波地区响当当的工人运动领导人,对当地工人运动的深入发展做出了重大贡献。

二、组织领导反抗国民党反动统治的武装斗争

1. 在乌云密布的艰难岁月里坚持斗争

宁波地区是浙江最早实行"清党"的地区之一。蒋介石在发动"四一二"反革命政变之前,就派心腹到宁波,勾结豪绅恶霸,收买流氓打手,打击革命力量。在"四一二"反革命政变前夕,宁波国民党当局也正式宣布戒严,发动"清党",形势急剧变化。在阴云密布的日子里,徐英一刻也没有停止党的工作,他经常改名换姓,化装成各种不同身份的人,巧妙地避开国民党便衣密探,四处打听消息,进行秘密联络。他还通过永耀电厂的党员和革命群众,利用外出检修线路的机会,暗中传递情报、散发传单、张贴标语,打开了一条通行无阻的地下联络线,在敌人眼皮底下进行无声的战斗。王嘉谟等一些地下党的领导人,都称赞徐英的机智勇敢和出色的化装本领,说他化装起来,就连自己的同志一时也难以辨认,敌人再狡猾也奈何他不得。

2. 听从党的指派恢复和发展武义地方党的力量

1927年11月,徐英受省委指派回到武义。在当地,他认真分析武义县情。当时武义县有两个明显特点:一是人口少,总数只有约9万人,可耕地面积有30多万亩。二是大地主特别多,城区有十几家每户占有水稻田700亩以上的大地主。大多数农民租种地主的田地,受地主恶霸重租剥削,生活在水深火热之中。徐英因此决定,迅速恢复和发展党的组织,恢复和发展农会,解决农民疾苦,开展减租减息斗争。他首先通过秘密串联,恢复了已经停顿的武义党组织和农民协会,接着将原来的临时县委组建为中共武义县委,并任县委书记。在此基础上,在下王宅王树平家主持召开了秘密会议,传达了省委指示精神,全面恢复武义的地方党组织及其领导机构,推举邵李清为县委书记,倪云腾为团县委书记。会上确定了县委当时的任务:积极开展宣传工作;恢复和发展党团组织;组织农民协会和筹建农军(后称"工农红军");规定了秘密活动的地点和联络暗号,县委的联络代号为"壶峰",团县委的联络代号为"青峰"。这就为当地党组织进一步开展革命斗争打下了基础,创造了条件。

1928年8月,武义县委在金畈村召开扩大会议,中共浙西特委邵溥慈来武义检查贯彻党的"八七"会议精神。徐英在会上分析了革命形势,就整顿发展党的组织、加强农民运动的领导,提出了很好的意见。会议决定在全县成立东、南、西、北四个党的区委,会后县委成员分头发动群众从事各项组织准备工作。之后,全县先后成立了63个基层党支部,发展党团员近1 000人,参加农会的人就更多了。同时,徐英和倪云腾在蒋卓南的陪同下,来到离县城20公里的新宅,参加那里召开的农民大会。徐英利用这个机会,宣传党的主张,提出要在积极分子中间发展党团员。接着,他们又赶到梁宅、陶宅一带,了解党支部活动的情况。

他们到了东阳门、大莱口等几个近山区村,一面察看地形,一面商量在这里开展游击活动的问题。然后又翻山越岭绕道来到水碓后村,晚上在村里召开党员会,直到次日凌晨三点钟才结束。在会上,徐英告诫同志们要广泛发动群众,加强党内团结,坚定不移地开展革命斗争。

3. 宣传革命思想,组织武装暴动

徐英高度重视党的主张和革命理论的宣传,时刻把党的事业放在心上。在革命斗争中注重策略,注意方式方法。每次外出活动,他总是要求同志们提高警觉性,谨慎小心从事,不能暴露身份,并现身说法,介绍自己的化装技巧和秘密工作的方法,培养干部的应变能力。徐英重视实际调查,熟悉情况,常常和大家共同商讨如何通俗生动地宣传革命和发动群众,经常热情地帮助同志拟写讲话的提纲。他的宣传、讲演,通俗易懂,引人思考。徐英还常与积极分子促膝谈心,激发他们的阶级觉悟,了解他们要求入党入团的愿望。

武装斗争是中国革命的优点和特点之一。徐英认识到武装斗争的重要性,非常重视组建革命武装,开展武装斗争。为组建革命武装,他呕心沥血,想了不少办法。他曾秘密地弄到了几支手枪送给同志们,大家很受鼓舞。为了打击地主豪绅嚣张的反动气焰,消除农民的思想顾虑,提高农民的革命积极性,县委领导人邵李清带领党团员严厉惩办了依仗权势疯狂欺压农民的村恶霸林新福。随后,徐英亲自率领党团员到县城张贴布告,揭露林新福的罪恶。一夜之间,几十张布告从大街小巷一直贴到国民党县政府的头门和二门。当时他用来做糨糊的是熟毛芋,他风趣地说,这东西藏在袋里不引人注意,饿了还能充饥。

1928年9月上旬,浙西特委邵溥慈来武义布置秋收起义工作。9月13日,永康、武义两县党的领导人在桐琴召开联席会议,决定准备在10月10日晚上,两县联合举行农民武装暴动。10月初,县委又在白溪的新殿湾召开干部会,制定暴动计划方案。但遗憾的是在敌强我弱的形势下,武装暴动很快就失败了。

暴动失败后,省防军派出一个团来武义配合县自卫队,到处搜捕我党同志和革命人士。徐英指派倪云腾调查暴动造成的伤亡情况和被捕同志的家庭状况,及时做好难友家属的善后救济工作。为了狠煞敌人的嚣张气焰,他和邵李清商量,派人惩治了抓人凶手林金良。不久,团县委书记倪云腾被捕,关押在县看守所。徐英委托自己的姐姐前去探监,带去一碗干菜肉和五块银元,嘱咐姐姐安慰倪云腾"要坚强些,母亲(指党组织)时时在挂念着你",以鼓舞倪云腾的斗志,坚持继续战斗。

三、用自己年轻的生命践行共产党人的初心和使命

党的十九大报告指出:"不忘初心,方得始终。中国共产党人的初心和使命,就是为中国人民谋幸福,为中华民族谋复兴。这个初心和使命是激励中国共产党人不断前进的根本动力。"[①]一切向前走,不能忘记走过的路;走得再远、走到再光辉的未来,也不能忘记走过的

---

① 习近平:《决胜全面建成小康社会 夺取新时代中国特色社会主义伟大胜利》,人民出版社,2017年,第1页。

过去,不能忘记为什么出发。革命理想高于天。中国共产党之所以叫共产党,就是因为从成立之日起我们党就把共产主义确立为远大理想。我们党之所以能够经受一次次挫折而又一次次奋起,归根到底是因为我们党有远大理想和崇高追求。正是这一远大理想激励着一代又一代共产党人英勇奋斗,成千上万的烈士为了这个理想献出了宝贵生命。"砍头不要紧,只要主义真","敌人只能砍下我们的头颅,绝不能动摇我们的信仰",这些视死如归、大义凛然的誓言生动地表达了共产党人对远大理想的坚贞。这是习近平总书记在庆祝中国共产党成立95周年大会上讲的话。习近平总书记所讲的共产党人的这种崇高品格和大无畏的牺牲精神,又何尝不是在徐英身上表现得淋漓尽致呢!

1928年11月底,省委将徐英调回杭州,任省委常委,负责职工运动。1929年1月16日,在中共中央代表彭湃同志的主持下,召开了中共浙江省委扩大会议,改组了省委,工人出身的徐英当选省委书记。虽然徐英担任省委书记的时间只有3个月,但这期间是国民党制造的白色恐怖日益加剧的艰难时期,也是浙江省委最困难的时期。那时地下党组织受到严重破坏,省委几个负责人连吃饭都没有钱。但徐英信仰坚定,坚持开展工作,在残酷的白色恐怖下,点燃了浙江大地上的革命之火。他常用复写纸抄写的办法向中央及时汇报工作,向各地通报斗争情况。为了打开工作局面,徐英直接到各地巡视,嘉兴、兰溪、永康、武义、义乌等地都留下了他的足迹,他每到一地,革命斗争的烈火就在当地重新燃起。

正当宁波特支的党组织工作取得较大发展的时候,国民党当局加紧了搜捕破坏活动。1929年12月17日凌晨,徐英在特支机关宁波君子道三街4号楼上不幸被捕,后被押解到杭州浙江陆军监狱。1930年4月28日,被国民党浙江高等法院判处死刑。徐英从被捕之时就下决心,只要活着一天,就要坚持斗争一天,绝不放弃自己斗争的权利,表现出了一个共产党人的坚强革命意志和不屈不挠的革命品格。他说:"我是一个贫苦的工人,从被捕到判处死刑,这是国民党反动派的罪恶。像我这样的遭遇,今天是很多的。正因为这样,我们要革命,要以自我牺牲的精神勇敢战斗。"①他利用"放风"机会与狱中的党组织成员裘古怀等取得了联系,并用暗号建立起联络网,把上级党组织称为"外祖母",把狱中的党组织称为"母亲"。他提出"法庭是战场,监狱是熔炉",要求同志们不要丧失意志。在狱中,徐英每天叫大家很早起床,做徒手操、八段锦,还在狱中办起了两个刊物——《火星》和《洋铁碗》。为了改善"笼子"里的生存条件,徐英领导难友绝食三天。徐英因此受到铐三节镣、藤条毒打等摧残,但他毫不动摇,并最终争得了部分权益。受徐英的感化,一些监狱看守渐渐改变了对共产党人的看法,并暗中给予帮助。8月27日,徐英在刑场英勇就义,时年仅24岁。走上刑场前,徐英从容地倚着牢房门,以沉着的态度对仍被囚禁的难友们说:"今天我也要被反动派屠杀了。人总是要死的,不过我死得太早一些,因为我对党的事业贡献得不多,反动派既然决定我死,我一定要对得起党对我的教养,慷慨地付出我年轻的生命。我希望同志们完成我未竟的事业,努力奋斗,实现全人类崇高的理想!"站在监狱的走廊上,他怀着对敌人无比仇恨、对战友们无比热爱的心情,对全监难友们说出了非常感人的话:"同志们,永别

---

① 金宁子:《回忆狱中的徐英》,载于中共浙江武义县委党史研究室编《徐英烈士纪念文集》,2002年,第149、150页。

了！你们不要为我而悲伤,不要为我而流泪,该为我而努力,该为我而奋斗！打倒国民党！共产党万岁!"徐英就这样履行了自己"以自我牺牲的精神勇敢战斗"的诺言,用自己年轻的生命践行了共产党人的初心和使命。

主要参考文献

[1] 中共浙江省党史资料征集研究委员会办公室,浙江省社会科学院历史研究所.不朽的战士:浙江革命英烈传(第二集)[M].杭州:浙江人民出版社,1990

[2] 中共浙江省金华市委党史办公室.金华英烈[M].杭州:浙江大学出版社,1992

[3] 中共浙江省委党校.红色基因:浙江早期共产党人的初心[M].北京:党建读物出版社,2019

[5] 中共浙江武义县委党史研究室.徐英烈士纪念文集[Z],2002

[6] 李林达.赴汤蹈火留英名:记原中共浙江省委书记徐英[J].今日浙江,2006(12):60

[7] 徐英烈士传[N].武义报,2019-10-31(8)

试论潘漠华不屈的革命斗争精神

摘要：潘漠华的一生虽然短暂，但是自从走上革命道路，他就从未停止斗争，一直坚持到生命的最后一刻。学生时期，他参与并组建青年新文学团体"晨光社"和"湖畔诗社"，撰写许多新文学作品，支持新文化运动。加入中国共产党后，他投身革命事业，辗转各地开展各种形式的革命斗争活动。为了革命事业，他先后四次被捕，但是他坚守对党的忠诚，用生命谱写革命赞歌，为中华民族的解放事业献出了年轻而宝贵的生命。

关键词：潘漠华；新文学作品；革命斗争活动；四次被捕

潘漠华是一位可敬的现代文学家和职业革命家。他自小就喜爱广泛阅读和独立思考，早早地认识到社会需要变革。他自身的文学才华，不仅让他写出揭露社会真实面貌的文学作品，更让他在投身革命后在革命宣传活动方面发挥重大作用，鼓励更多的有志青年加入革命队伍。他敢于斗争、善于斗争，从参加北伐战争开始，从未退缩，一直站在革命的第一线，服从组织需要，开展过各种形式的革命活动，直到把生命献给党和人民的革命事业。

一、学生时期创作新文学作品揭露社会的黑暗与不公

1919年夏丏尊、陈望道等在浙一师教书时，引发了宣传平等和民权等进步思想的"浙一师学潮"，使得该地成为南方新文化运动的主要阵地。受在浙一师读书的二哥影响，潘漠华接触到了新思潮，十分向往了解学习新思想，立志考取浙一师。1920年秋，潘漠华辞去小学教员的工作，成为浙一师的学生。

在浙一师，潘漠华开始更近距离地接触新思想，如饥似渴地大量阅读揭露社会问题的文学作品，如《玩偶之家》《大雷雨》《巡按》等。他了解新思想的愿望是那样的迫切，以至于只要知道哪里有新出版的书刊，就会想尽办法一睹为快。他还遇到了许多志向相同的青年，发起组建了新文学团体，进行思想、生活和文学等方面的交流，用白话文进行新文学创作，以实际行动支持新文化运动。此时的潘漠华是一位文学青年，主要精力都放在诗歌、散文和小说的阅读和创作上，控诉封建礼教对人性的压抑，诉说青年人对自由恋爱的向往，揭

露社会底层人民生活的黑暗与不公。

1921年10月,为了和志同道合的朋友一起探讨新文学和外国文学作品,潘漠华作为发起人,与冯雪峰、赵平复、周辅成、魏金枝等人发起组建了杭州第一个新文学团体"晨光社",这是全国最早的新文学团体之一。该社团定期聚会,活动形式灵活,主要目的是为了交流新思想,鼓励大家进行文学创作和翻译外国名著。该社团成员比较多样,有学生,有教员,也有编辑。通过结社的方式,大家在思想上相互影响,文学上共勉互利,为一些年轻人走向文学创作道路和从事革命事业奠定了基础。

1922年4月,潘漠华又同应修人、汪静之、冯雪峰一起组成了四个人的"湖畔诗社",出版诗作合集《湖畔》。"湖畔诗社"成为中国新文学历史上最早的新诗社,"湖畔诗人"的称呼也由此而来。《湖畔》是中国当时出版的第五本新诗集,引起了大家的广泛关注,在青年学生中十分畅销。胡风同志就曾提到《湖畔》把他从被周边生活困住的心情中拯救了出来,感受到被五四运动唤醒"自我"的青年的感觉①。

潘漠华创作了许多诗歌,大多都已经遗失,目前所知的收录有他的诗歌的最著名的诗集是《湖畔》和《春的歌集》,前者收录了16首,后者收录了52首。朱自清编选的《中国新文学大系:诗集》中,也收编了潘漠华的11首新诗。乡土既是人的物质家园,也是精神家园,思乡之情生根于每一个离开故土的游子心中。故乡的自然风光与劳动人民的日常生活,也常出现在游子潘漠华的新诗中。他的诗歌有很浓厚的乡土情怀,除了爱情,还经常描写对故乡的亲人,如父亲、母亲、哥哥、姐姐等的思念之情。此时,他家的经济状况已是日益衰败,尤其是其父在去世后留下了许多外债,使得他在外孤身求学的日子十分艰难。所以,潘漠华的诗歌既有表达对家乡亲人的思念,也有对他们生活状况的担忧。毛泽东曾对潘漠华的诗作给予了好评,鲁迅、胡适、周作人等三大"五四"新文坛名家也赞赏了潘漠华的诗作。朱自清对潘漠华诗歌的评价最为贴切,他认为,潘漠华用自己的诗歌,以缜密和稳练的风格表达了"人间的悲与爱"②。

作为湖畔诗人,潘漠华不仅创作诗歌,还创作散文和小说,其中有9篇短篇小说被收入1929年出版的自选集《雨点集》,分别为《牧生和他的笛》《苦狱》《心野杂记》《雨点》《在我们这巷里》《乡心》《晚上》《人间》《冷泉岩》。除了《冷泉岩》和《雨点》,其他小说都曾在《小说月报》等刊物上公开发表过。《牧生和他的笛》《苦狱》和《心野杂记》的主题是爱情,《雨点》和《在我们这巷里》的主题是北京普通市民的日常生活,而《乡心》《晚上》《人间》《冷泉岩》的主题则是他家乡宣平农村底层民众的悲惨生活。

《乡心》以儿时好友阿贵为原型,描写了农村手工业者被迫离乡到外地谋生难的不幸遭遇。主人公明明有好的手艺,但却居无定所,衣食无着。《晚上》的主人公是一位为了吃饱饭而被迫当轿夫的青年,最后青年被现实生活击败,开始酗酒和四处游荡。《人间》以原先在他家打工的工人为原型,描写了该工人被解雇后在山区农村艰难求生的穷困生活境遇。潘漠华在《人间》中写道:"真觉得从前我底想念,一切都空幻而无聊;民间底疾苦,绝非宽衣

---

① 王文政著:《潘漠华年谱》,浙江工商大学出版社,2015年,第45页。
② 中共武义县委宣传部:《永远的晨光:纪念潘漠华诞辰一百周年》,2002年,第84—87页。

足食的人们所能理会的。"①《冷泉岩》描写了脱离正常人的生活轨道后栖居于荒庙的几对男女的灰色人生,其中有对"典妻"这一农村陋习的写实描写。

在这几篇以农村故事为素材的小说中,潘漠华用朴实细腻的文笔描写了底层农民的无奈、无知、痛苦、挣扎,表达了他对劳苦大众的同情,让读者看到了社会的黑暗面。茅盾对潘漠华以农民为主人公创作小说给予肯定,在其编选的《中国新文学大系:小说一集》中收集了署名为"潘训"(即潘漠华的学名)的3篇小说,分别为《心野杂记》《晚上》《乡心》。在该书导言中,茅盾提到:"那时候,描写农民生活的小说还是很少,《乡心》的出现,是应得特书的。"②

除了文学创作,潘漠华还进行翻译工作。他入读北大预科后就努力学习英文,并从1925年开始着手翻译俄国作家阿尔志跋绥夫的小说《沙宁》,该书于1929年由上海光华书局出版。《沙宁》的主人公是个极端自我和厌世的资产阶级知识分子,他既孤独又崇尚享乐,有历史虚无主义和极端个人主义的倾向。《沙宁》的作者用十分写实的方式描写了一部分青年知识分子在俄国的革命运动陷入低潮时的生存状态。潘漠华在序言中提到:"阿尔志跋绥夫底这部小说,曾以各方面的意义,震动了当出版时的社会。但到了今日,我们以历史的见地来观察,它实在只是一部为反动的小资产阶级底个人主义辩护的小说。"③通过阅读《沙宁》,他希望大家能够以批判的态度看待小资产阶级自身的局限性,能够看到小资产阶级的价值观是建立在个人主义之上的,而个人主义的最终出路是反动的。

二、入党后积极开展各种革命斗争活动

1. 投笔从戎参加革命,加入"左联"抵制国民党文化专制

受民主革命进步思想的影响,潘漠华在北京加入了中国共产党,并响应党组织的号召于1927年2月南下远赴武汉参加北伐军。他在部队中主要负责宣传和组织工作,统一革命思想,坚定革命信念。大革命失败后,他没有对革命失去信心,反而潜回杭州,积极联系当地的党组织,配合组织安排继续革命斗争工作。通过浙一师老师马叙伦和许宝驹的关系,他到国民党浙江省政府秘书处工作。所以,他明面上是国民党省政府的办事员,实际上却接受中共浙江省委的领导,进行秘密的地下工作,介绍进步青年入党,积极扩大党员队伍。他十分关心家乡宣平基层党组织的筹建工作,不仅介绍合适的同志去工作,更是通过信件等方式进行远程指导。11月,由于出现叛徒,中共浙江省委遭到了严重破坏,潘漠华也被捕入狱。通过关系获得释放后,他只能暂且听从组织安排,回故乡避祸。

在家乡避祸期间,潘漠华仍积极战斗,"进行地下党的活动,联系指导宣平县委的曾志达等,研究基层党组织的建设,召开活动分子会议,在农村普遍组织农民协会,开展'二五'减租的宣传,在县城组织工会、妇女协会以及开办读书会、平民夜校等工作,从中培养积极

---

① 邹伟平著:《潘漠华文集》,现代出版社,2016年,第170页。
② 王文政著:《潘漠华年谱》,浙江工商大学出版社,2015年,第38页。
③ 王文政著:《潘漠华年谱》,浙江工商大学出版社,2015年,第105页。

分子,发展党员"①。身份暴露后,潘漠华被迫离乡遁往他处,先后在上海、厦门等地以教书为掩护继续革命斗争。据其五弟潘恺霖回忆,从1928到1930年,宣平县发生过数次农民起义,潘漠华或亲自参与直接领导,或远程指导,从来没有放弃对家乡农民运动的关心②。

1930年2月,潘漠华同冯雪峰、茅盾等人一起列入"左联"入盟名单。关于他有没有同潘汉年和鲁迅等人一起参加"左联"的成立大会一事有争议,但是他是"左联"作家之一是确信无疑的③。随着革命活动的增多,他在上海和杭州等南方城市的党员身份被政府当局注意到。为了保护他,组织把他调往北方继续从事党的地下工作。同年4月,他以"潘田言"的身份,带着妻子邹秀女一起到河南开封第一初级中学教书,从事党的革命宣传和组织工作。他开展了"左联""教联"等方面的组织工作,指导学生创办刊物《火信》,在当地有很大的影响,以至于他很快成为特务搜捕的目标,轰动全开封城④。可以看出,潘漠华的宣传与组织才干是十分出色的,在极短的时间内,他就让革命火种在当地生根发芽,让政府当局感到害怕。

2. 组建"北方左联",联合左翼文化团体共同宣传革命思想

1930年夏,潘漠华到达北京后,在中共顺直省委和北平市委的领导下,开始筹划组建"北方左联"。1930年9月,"北方左联"在北平大学法学院的大礼堂举行成立大会,潘漠华出席了成立大会,并被推举为执行委员、常委和党团成员。不过,出于安全考虑,关于"北方左联"成立的新闻直到1931年1月才刊登出来。

潘漠华是"北方左联"的发起人之一,筹备工作以他为首。他负责起草了成立"北方左联"的重要文件《理论纲领》《行动纲领》《成立宣言》,还曾先后三次担任党团书记,在"北方左联"的早期工作中发挥了重大作用。在"北方左联"工作期间,他不仅布置安排各种工作,亲自联系各地同志,还编辑内部宣传刊物,更到处公开演讲宣传革命思想。侯外庐回忆:"潘漠华同志曾到师大作了两次公开讲演。这些活动都发动了师大的进步学生会,是通过学校,由学生布置的。结合各种革命纪念日,经常进行各种宣传活动。演剧则多在清华。"⑤侯外庐还提到,向各方面要材料、写文章、编辑发行等都是潘漠华经常性的工作⑥。另外,当时的潘漠华成了清华大学的常客,常在那里组织开展纪念革命烈士的话剧演出活动,向年轻学生宣传革命思想。

除了组建"北方左联",潘漠华还参与组建了其他文化组织团体,发起了一系列联合各文化团体齐心协力进行革命宣传的活动。比如,1932年5月在他的组织下,"北方左联"与"教联""妇联"等团体一起进行游行示威,纪念"五卅惨案"七周年。

1933年4月,潘漠华还组织发起"北方左联"与"反帝大同盟""北方文总""革命互济会"

---

① 王文政著:《潘漠华年谱》,浙江工商大学出版社,2015年,第99页。
② 王文政著:《潘漠华年谱》,浙江工商大学出版社,2015年,第111页。
③ 王文政著:《潘漠华年谱》,浙江工商大学出版社,2015年,第112页。
④ 王文政著:《潘漠华年谱》,浙江工商大学出版社,2015年,第112—113页。
⑤ 王文政著:《潘漠华年谱》,浙江工商大学出版社,2015年,第144页。
⑥ 王文政著:《潘漠华年谱》,浙江工商大学出版社,2015年,第144页。

等共同纪念李大钊去世七周年的公葬活动。在向北京万安公墓前进的过程中,他不停地高呼口号,散发传单,进行抗日救亡演讲。即使国民党当局派来打手镇压,作为运动发起者之一的潘漠华,勇于担当,不怕牺牲,勇敢地走在送葬队伍的最前面,一直护送着李大钊的灵柩。

潘漠华对党内工作总是乐此不疲,尽量亲力亲为,哪怕他还需要为了自己的生计挤时间来写文章糊口。比如1932年,就"北方左联"邀请鲁迅到北京进行演讲一事,从筹备到结束(11月13日至11月底),他全程参与并关注了安全问题,亲自前往前门车站做好迎接工作。演讲结束后,他还留下来和鲁迅进行思想交流,介绍"北方左联"等文化组织的工作情况。

潘漠华在"北方左联"工作期间展现了坚定的革命意志和不讲私利的崇高品质,让身边的人印象深刻,坚定了他们的革命信念。王志之后来在《忆"北方左联"》一文中回忆了潘漠华留给他的印象和对他的影响,他说:"在我的思想上留下极深刻的好感!尽管事隔四十八年之久,记忆犹新。记得我同潘训同志见面时的第一句话是:'我的头脑里有很多问题。不管对不对,我都谈出来,希望能在你的帮助下得到解决!'我们谈了很久,涉及的问题很广泛、庞杂,有时也发生很热烈的争论,但一直都是非常坦率认真、肝胆相照的。老潘那浙江语音很重的普通话并未成为我们谈心的障碍。他那高度近视的眼镜透过的炯炯的目光和微黑的特别显得厚重的面容,使我增强了对他的信任!他很圆满地解答了我的思想上、认识上的一切疑难问题。我惊叹他的知识的渊博,我更信服他的见解的正确。我确认他是一个名副其实的共产党员!"①王志之在1931年编辑"北方左联"的机关刊物《北方文艺》和《北方文学》,参加了各种抗日救亡运动,是一名文学作家和大学教授,与潘漠华常有工作往来。

综上可见,潘漠华与当时的左翼文化团体联系紧密,不仅是一些组织的创建者之一,更是许多活动的发起者和主要参与者,在革命队伍建设和革命思想宣传方面发挥了很大的作用。20世纪30年代,左翼文化团体影响很大,以北京为中心的北方左翼文化(包括文学、教育等领域)团体的势力大增,有力地扭转了此前因大革命失败和国民党白色恐怖造成的革命低迷状态,这也有潘漠华的一份不可忽视的功劳。

3. 在河北沧州省立二中开展革命宣传活动,组建党团支部

九一八事变爆发之后,潘漠华化名潘模和,到河北沧州的省立二中任教。在此期间,他以教书为掩护,向周围师生宣传抗日思想,积极发展地方的党团支部。

作为教师,潘漠华首先通过自己的高中国文课向学生宣传革命思想,启发学生思考现实社会问题,物色培养革命积极分子,发展壮大党团组织。在课堂上,他介绍无产阶级进步文学和资产阶级腐朽文学之间的区别;在课外,他引导学生学习马克思主义哲学和社会科学方面的著作,了解共产党与国民党的不同。他指导学生组织文学研究会和开展社会科学研究之类的活动,让学生能够避免死读书并深入了解社会的各个方面,把一大批进步学生团结在一起。

---

① 中共武义县委宣传部:《永远的晨光:纪念潘漠华诞辰一百周年》,2002年,第52页。

通过潘漠华的努力,沧州学生组织了"反日大同盟",团结一切抗日力量。在他的领导下,学生进行了为期三天的罢课活动,抗议国民党当局的消极抗日行为,声援抗日运动。后来,他又组织学生游行,上街下乡宣传抗日。他们先后到当时的沧县、青县、泊镇、交河镇等地进行革命宣传活动。

为了扩大抗日宣传,潘漠华指导学生创办"一四壁报"(星期一、星期四出版),后来又改为"三六壁报"。为了更广泛地在周边地区进行革命思想宣传,他又指导学生创办了便于携带的油印的《大众反日报》。这些宣传活动的目的都是"揭发国民党反动派的一切不抵抗、假抗日和阴谋破坏活动"[①]。潘漠华主动为学校里的抗日救国墙报写了发刊词《怒吼吧,中国!》。该墙报篇幅多,形式多样,不仅有小论文和诗歌,还有轻松易懂的小演唱、漫画、歌曲和谜语等。宣传文章大多尖锐泼辣,有广泛的群众基础,在激发大家的抗日爱国热情方面极具战斗力。

在学生中,潘漠华积极发展党团组织,吸收进步学生加入中国共产党和共青团,成立党团支部。这些党团支部的活动经费均出自他自己的工资。通过他的种种努力,沧州许多有志青年的视野得到极大开阔,思想境界发生质的飞跃,为党的事业播下革命火种。

但是,潘漠华的活动引起了国民党当局的警觉,很快学校在1931年的寒假期间解聘了连同潘漠华在内的所有党员。虽然被迫离开沧州,但他在沧州基层党建方面的努力使得沧州古城有了党的声音,革命思想在码头工人、铁路工人、脚行工人等底层民众中传播开来,为后来的革命工作打下了基础。他在沧州的工作是忘我的、卓有成效的,其组织才能也特别突出,哪怕是临走前他还介绍了新的人员入党。潘漠华在当地的革命活动,使得河北省立二中成为津南一带的革命策源地,影响深远。

4. 参加察哈尔抗战,进行抗日宣传

日本侵占东北后,不断向华北渗透势力,其侵略中国的野心昭然若揭,国内的战争形势也变得日益严峻。1933年6月,潘漠华等共产党人奉命奔赴张家口,支援冯玉祥的察哈尔民众抗日同盟军组织的抗日运动。潘漠华的工作主要是负责抗日同盟军机关报——《老百姓报》的编辑工作和撰写各种社论与短评,鼓动和激励民众的抗日战斗热情,争取收复被日本占领的国土。

潘漠华鄙视国民党的消极抗日行为,对于抗日宣传工作十分认真负责,有时通宵看稿。虽然过着艰苦的生活,他却乐在其中。在《永远的晨光:纪念潘漠华诞辰一百周年》中,孙铁夫就回忆道:"潘漠华同志生活方面是十分简朴艰苦的,经常穿一身浅蓝火灰布大褂,有时已经洗得发白了。工作忙了顾不得吃饭时,买两个烧饼,喝一杯白开水,也就解决问题。有时白开水也没有,在马路上手里拿两个烧饼,一边吃一边走,还要一边谈话,他淡泊自甘,十分愉快。"[②]

可惜革命形势不是很乐观,在内外反动势力的打压下,5月才成立的抗日同盟军到9月

---

① 王文政著:《潘漠华年谱》,浙江工商大学出版社,2015年,第132页。
② 中共武义县委宣传部:《永远的晨光:纪念潘漠华诞辰一百周年》,2002年,第33页。

就被迫解散了。1933年10月,潘漠华随部队突围后回到北京。随后,他又被党组织委派到天津市委担任宣传工作,继续宣传革命思想。

三、被捕四次后仍忠于党和人民,至死不渝

第一次被捕

1927年大革命失败后,潘漠华在国民党浙江省政府秘书处工作,同时从事中共浙江省委的地下党工作。当时中共浙江省委正在策划实施"浙东暴动计划",结果省委机关被严重破坏,所有党员的名册也被搜去,许多人被捕,潘漠华也在其中。其弟潘讷和友人周颂棣、张天翼等合力营救之,最终在时任国民党浙江省政府秘书长的许宝驹的帮助下,得到了保释出狱的机会。出狱后,他回到宣平继续革命工作,研究建设党的基层组织,在农民、工人和妇女中宣传革命思想,培养和发展入党积极分子,组织和指导了宣平农民武装暴动。

第二次被捕

1931年春开始,潘漠华公开的掩护身份是国立北平大学女子文理学院的讲师。此时,他是"北方左联"的党团书记,负责该组织的各项工作。同时,他还参加了"北平社联""北平教联"和"反帝大同盟"等组织的活动,宣传革命和抗日思想。此时,受"左"倾冒险主义错误思想的影响,北京的党组织决定进行公开的示威游行和"飞行集会",宣传抗日思想。同年8月,潘漠华因参加"飞行集会"第二次被逮捕。他受到了残酷的刑讯,被灌辣椒水。幸运的是,敌人始终没有找到证据,后释放其出狱。出狱后,党组织把他转移到河北沧州的省立二中教书。在那里,他用教员身份作掩护,继续开展抗日救亡运动的宣传。

第三次被捕

1932年12月,潘漠华奉命调往天津,就任中共天津市委宣传部部长。那时,潘漠华仍兼顾"北方左联"和"北方文总"的工作,遂秘密来往于北京和天津之间。有一次,在北京的潘漠华为了"教联"的工作,到中国大学经济系主任马哲民家中商谈,不料警察冲入,他与马哲民、侯外庐、许德珩等一起以"共党嫌疑犯"的罪名被逮捕。这次,因为潘漠华的机智,使得他自己的身份避免被暴露。侯外庐回忆说:"起初,在区看守所,老潘大喊大叫:'你们混蛋,我是来找系主任商量功课的,怎么把我也逮进来了?'马哲民是中国大学经济系主任,他是喊给马听的。马也听懂了,后来口供才对得上。"①潘漠华的第三次被捕也化险为夷,他出来后仍继续从事革命工作。

第四次被捕

1933年冬,潘漠华在天津第四次被捕,这也是最后一次。斗争经验丰富的潘漠华在被捕前的关键时刻识破了敌人的诡计,急中生智,释放出有人叛变的信号。他遭受了敌人一个多月的折磨,但从未泄露党组织的任何秘密,最终国民党一无所获。尽管没有实质性证据,潘漠华仍以"共党嫌疑犯"的罪名被判刑五年,关押于河北省第一监狱。1934年2月,上海《申报》才公开潘漠华和张开山等共产党人被捕的消息。

---

① 王文政著:《潘漠华年谱》,浙江工商大学出版社,2015年,第145页。

有过多次被捕经验的潘漠华,把敌人的监狱当作第二个革命战场,团结狱友继续坚持新的战斗。监狱里的条件十分恶劣,潮湿阴暗,吃的是砂子饭,喝的是飘着零星菜叶的白菜汤,一天只有一小会儿的放风时间。潘漠华不仅得了肺病,还出现了痉挛病症。但是,为了抗议监狱当局对政治犯的虐待和迫害,他抱病发动了三次绝食斗争,谴责当局的法西斯暴行。12月24日,第三次绝食斗争胜利了,但是潘漠华却被灌开水杀害。此时,他已经绝食了九天,对共产主义的坚定信仰让他坚持到最后一刻也没有背叛自己的信念和对党与人民的忠诚。

四、结语

生命不息,战斗不止是潘漠华短暂而璀璨人生最真实的写照。据潘漠华的堂姐潘翠菊回忆,潘漠华曾在自己的银质长命锁上亲手刻下"参加革命,不盼长命"这八个大字[①]。这是潘漠华对革命的态度,映照了此后他的人生轨迹。自从立志参加革命,他就把个人的生死荣辱置身事外,心心念念的只有革命事业的成功。

潘漠华有为党和革命事业顽强不屈、不懈奋斗的革命精神,有敢于革命战斗、不怕困难的奋斗精神。他始终坚持用马克思主义思想坚定自己的理想信念,听从党的召唤,发挥自己优秀的宣传和组织才能,或公开,或秘密,或用文字武器,或亲身上阵,为民族独立、人民解放事业战斗终生。

2013年7月11日,习近平总书记在河北平山县西柏坡考察时曾动情地指出:"对我们共产党人来说,中国革命历史是最好的营养剂。多重温我们党领导人民进行革命的伟大历史,心中就会增添很多正能量。"他还指出:"理想信念就是共产党人精神上的'钙',没有理想信念,理想信念不坚定,精神上就会'缺钙',就会得'软骨病'。"在国民党黑暗恐怖的统治时期,面对敌人的屠刀,潘漠华同志始终没有被吓倒,一直进行着不屈不挠的斗争。学习潘漠华等早期优秀共产党员的不凡革命事迹和顽强不屈的革命斗争精神,能为新时代的中国共产党人增添很多正能量,以便更好地完成新的历史使命,进行伟大斗争,推进伟大事业,建设伟大工程,实现伟大梦想。

主要参考文献

[1] 王文政.潘漠华年谱[M].杭州:浙江工商大学出版社,2015
[2] 中共武义县委宣传部,中共武义县委党委办公室,武义县文学艺术界联合会.潘漠华纪念文集[Z],1985
[3] 中共武义县委宣传部.永远的晨光:纪念潘漠华诞辰一百周年[Z],2002
[4] 邹伟平.潘漠华文集[M].北京:现代出版社,2016

---

① 中共武义县委宣传部,中共武义县委党委办公室,武义县文学艺术界联合会编著:《潘漠华纪念文集》(内部资料),1985年,第122页。

陈望道首译《共产党宣言》及其与中国的四次结合
——基于解释学视域的百年解读

摘要：1920年陈望道的第一个中文全译本《共产党宣言》(以下简称《宣言》)一问世,便对中国共产党的创建,及其领导的新民主主义革命、社会主义革命、社会主义建设和改革开放各个时期,都产生了深刻而巨大的影响。检视《宣言》在中国历史上的百年命运,可将其归结为与中国革命和建设的四次结合:五四运动时期《宣言》中的价值观与中华民族"救亡图存"的历史主题相结合;新民主主义时期《宣言》中的阶级斗争理论与民主革命唤起民众相结合;改革开放时期《宣言》中的生产力发展观与"以经济建设为中心"的现代化建设相结合;新时代《宣言》中的人民主体及其发展思想与"以人民为中心"的发展观相结合。

关键词：共产党宣言；解释学；百年解读；当代意义

当青年马克思、恩格斯在1848年合写《共产党宣言》这部在人类历史上具有划时代意义的伟大文献的时候,他们谈论的话题与当时的中国境况似乎相去甚远,几乎没有任何交集。即使到了19世纪末,中国人对其仍然一无所知,直到1899年"马克思"的名字才第一次出现在中文刊物《万国公报》上,这是由英国人颉德原著,英国人李提摩太和中国人蔡尔康合译的《大同学》第一章《今世景象》中的一段文字表述,称"以百工领袖著名者,英人马克思也"。其实马克思也不是英国人,而是德国人,只不过长期居住在英国而已。《大同学》也不是为了宣传马克思主义理论,而是规劝当时的清政府,不要闭关锁国而要开国进取,接受新思潮、新理念,马克思的思想是作为当时一种时髦的思潮被引进到中国来的。

然而,到了20世纪以后,《宣言》中的思想却奇迹般地影响和改变了中国的百年命运。它不仅引领着中国人取得了新民主主义革命的胜利,实现了民族独立和人民解放,而且指导着中国的社会主义建设与改革的进程,并进一步指引中国走进新时代。可以说,百年中国历史的重大变迁都能在《宣言》中找到结合的依据。本文试图基于解释学的视域,分析一百年来《宣言》与中国的四次结合,以此总结、概括和呈现《宣言》对中国的历史影响、作用和未来启示。

一、现代哲学解释学及其核心范畴——《共产党宣言》的解读视域

解释学经历了从古典神学解释学到一般解释学,再到现代哲学解释学的发展历程。现代哲学解释学的代表人物有海德格尔、伽达默尔等,核心范畴涉及"问题域""历史境遇""前见""视域融合""效果历史""时间距离"等。其中"问题域"是开启文本应答和解读的方向,"历史境遇"则是"问题域"产生的重要依据。"历史境遇"与"问题域"又会影响解释者的"前见","前见"为解释者提供了特殊的解释视域。在文本解读的过程中,解释者与文本的"视域融合",赋予和创生出文本崭新的意义,并指引着实践和应用的"效果历史"。

1. "历史境遇"与"问题域"

"历史境遇"是"问题域"产生的重要依据,"问题域"是开启文本意义的通道。"问题域"是由若干相互联系的问题所构成的一个区域,解释者在"解释学处境"中进行文本研读时,一般总会形成相应的"问题域"。"问题域"是开启和指引文本意义的通道和方向,只有取得相应的"问题域",才能真正理解文本的意义,因为任何文本都是对生活实践中某一个或某一些问题的应答。在伽达默尔看来,作者在创作文本时,就会给解释者抛出一个或几个问题,解释者正是在对问题的理解中达到了对文本的阐释。反过来,解释者也可能带着自己的"问题域"去理解文本的意义。在伽氏看来,作者在文本中向我们提出的问题以及其在文本中给予的回答,启发了我们从自己的视域出发去回应作者的提问与回答,并且相应地提出自己的问题,而且试图从文本中寻求这一问题的相应回答。同理,在解释学处境中解读《宣言》与中国的结合,首先必须分析各个时期解读者所提出或面临的"问题域"。

"问题域"具有开放性和动态性的特征。不仅被提问的问题具有开放性,解释者对它的回答也不是固定的。既然"问题域"是可以改变的,随着"问题域"的改变,解释者对不同文本或同一文本的关注焦点也会随之发生改变。

"历史境遇"是"问题域"产生的重要依据。"问题域"的形成或改变,与解释者所处的"历史境遇"密切相关。所谓"历史境遇",是指作为理解主体的人或群体所处的文化传统、历史背景、时代任务和实践要求等,这是理解者所设身、承载的"解释学处境",它影响和制约着"问题域"形成的内容和阈值。在解读《宣言》时,解读者所处的中国当时的社会性质、主要矛盾、阶级状况和社会发展阶段等"历史境遇",都是解释者形成"问题域"的影响因素。

2. "前见"与"历史主题"

"前见"是理解的前提,"历史主题"影响"前见"。"前见"是现代哲学解释学中的一个重要范畴。伽达默尔的"前见"观,是在积极继承海德格尔"前理解"的基础上发展起来的。海德格尔的"前理解"也叫"前结构"。他从本体论的角度指出,"前结构"是任何一种理解都需要以其作为理解条件的心智背景。在《存在与时间》中,海德格尔首次提出"理解是人存在的方式",认为人是一种在时间中的存在,人存在的时间性表征着人存在的历史性,甚至在某个人出生之前,历史和文化就已经存在并先在地包围和占有了我们。这样,人的存在被预设了一种"前有"的意义。这种理解的"前结构"展示为"先行具有""先行视见""先行掌握"。"先行具有"是指解释者所处在的历史文化境遇,它在理解之前就已经占有了解释者;

"先行视见"是指解释者思考问题时使用的语言及其使用方式;"先行掌握"是指解释者在理解前所具有的观念、前提和假设。伽达默尔在继承与领悟的基础上,将海德格尔的理解"前结构"三部分综合为一个概念——"前见",也即"前理解",认为"一切诠释学条件中最首要的条件总是前理解……正是这种前理解规定了什么可以作为统一的意义被实现,并从而规定了对完全性先把握的应用"。

与客观主义解释学、文本中心主义不同,伽达默尔从人的历史性和有限性出发,提出"前见"是理解的必要条件与合法前提,认为"前见"不是阻碍主体获得真理性认识的因素,而是历史赋予主体生产性的积极因素;"前见"不是隔绝真理与未知世界的高墙,而是通往未知世界的前提。"前见"具有开放性,它永远处于一种不断形成、不断发展的敞开状态:一方面,"前见"不是封闭在自己的见解中,而是在与文本的不断交流中形成一种新的"前见";另一方面,"前见"在不断地筹划着未来,对作品具有一定的预期。同样,在《宣言》与中国的四次结合中,各个时期的解读者的识见、视域以及对中国社会的期望、预设,往往都是以"前见"的形式影响和制约着人们对《宣言》的解读,并成为理解《宣言》的前提条件。

问题在于,"前见"从何而来? 哲学解释学认为,"历史主题"影响"前见"。每一个历史时期都有与这个历史时期相符合的历史主题,处在一定历史主题下的解释者,其"合法前见"必然与其所处时代的"历史主题"相契合。伽氏将"前见"分为合法的前见和非法的前见。合法前见是一种符合历史主题的"生产性前见",有利于文本意义的生成;非法前见则是一种"阻碍理解并导致误解"的前见,会抑制文本意义的合理阐发。对于真假前见的区分,伽氏引入了"时间间距"的概念,认为时间间距是区分真前见与假前见的重要因素,时间间距会在历史长河中剔除虚假前见,留存与历史主题相一致的合法前见。在《宣言》与中国的四次结合中,每一时期的解读者对《宣言》内容的选择,都受到中国各个时期的历史主题的影响,因此,对历史主题的剖析就显得尤为必要。

3. "视域融合"与"效果历史"

理解在本质上是一种视域融合,视域融合产生效果历史。"视域"是指一个人视线所能达到的范围和界限,包括解读者视域与文本视域两个方面。解读者视域是指解释者在自身所处的历史境遇中形成的"当下的视域",而文本视域是指文本作者在过去的历史境遇中形成的"过去的视域"。"视域融合"则是指在理解、解读的过程中,解读者视域与文本视域之间的交融结合。理解本质上就是一种视域融合,或者说是历史与现代的沟通与汇合。

视域融合是一个动态的过程,具有开放性和生成建构性。"人类此在的历史运动就在于:他不是束缚于任何一点上,因此,也绝不可能有真正封闭的视域。视域其实就是我们活动于其中并且与我们一起活动的东西。视域对于活动的人来说总是变化的。"解释者总是不断扩大自己原有的视域,不断扩大了的视域又成为新一轮理解的出发点。这是一个循环往复的过程,在这样一个不断循环往复的过程中,理解不断达到更高的层次和境界。

"理解按其本性乃是一种效果历史事件",是文本、解释者、作者交互融合形成的"效果历史"。融合的一方即文本视域,是在过去形成的,属于历史的产物;融合的另一方即解释者视域,是在当下的历史条件中形成的,也属于历史的产物。在我们诠释活动的过程中,文本与解释者永远相互作用,在相互作用的过程中抵达意义的理解。这个相互作用的过程就是效果历史的过程。百年来,中国的先进分子对于《宣言》的理解也是一种效果历史事件,是《宣言》文本视域与不同历史时期的解读者视域的相继融合,由此推动了马克思主义中国化的历史进程。

综上,以哲学解释学为视域来解读《宣言》,可以得到以下认识:(1)在历史境遇、历史主题影响和制约下形成的"前见",是理解、解读《宣言》的基本前提;不同时代的历史境遇和历史主题会形成不同的"前见",进而产生不同的理解和解读的效果。(2)"视域融合"是理解《宣言》的基本途径。如果说"前见"是理解可能性的前提条件,那么"视域融合"则是理解得以实现的基本途径,理解在本质上则是一种"效果历史",它凸显了文本的开放性和理解的历史性。(3)实践应用是目的。哲学解释学不同于一切方法论意义上的释义学,就在于它在本质上是实践的。将《宣言》中的思想应用于中国革命和建设实践,达到理论与实践、知与行的统一,是理解、解读的最终目的。

二、《共产党宣言》与中国的四次结合——基于解释学的解读

按照解释学的上述解读框架,检视《宣言》在中国历史上的百年命运,我们可将其大致划分为四个阶段,即《宣言》在中国历史上的四次"视域融合",分别是:五四运动时期《宣言》中的价值观与中华民族"救亡图存"历史主题相结合;新民主主义时期《宣言》中的阶级斗争理论与民主革命唤起民众相结合;改革开放时期《宣言》中的生产力发展观与"以经济建设为中心"的现代化建设相结合;新时代《宣言》中的人民主体及其发展思想与"以人民为中心"的发展观相结合。可以说,多元化、选择性的理解和应用,是《宣言》在中国传播的一个鲜明特点。它不仅应和了马克思所说的,"理论在一个国家实现的程度,总是取决于满足这个国家的需要的程度",同时,也指证了列宁所指出的,随着时代主题和实践任务的变化,"马克思主义这一活的学说的各个不同方面也就不能不分别提到首要地位"。

第一次结合:《宣言》中的价值观与中华民族的"救亡图存"。从解释学的角度解读和阐释《宣言》中的价值观与中华民族的"救亡图存"之第一次结合,必须弄清楚《宣言》是在何种历史境遇中传入的,它又是在何种意义上满足了当时国人寻求救亡图存真理这一历史主题的公共期待,以至于《宣言》之价值观与中华民族之历史使命之间达成了"视域融合"。

"鸦片战争后,中国陷入内忧外患的黑暗境地,中国人民经历了战乱频仍、山河破碎、民不聊生的深重苦难。为了民族复兴,无数仁人志士不屈不挠、前赴后继,进行了可歌可泣的斗争,但终究未能改变旧中国的社会性质和中国人民的悲惨命运。"可以说,从鸦片战争起,中国先进的知识分子就开始向西方学习,以图挽救民族危亡,但"天朝田亩制度""维新变法""三民主义"均以失败告终,直至"五四时期"的中国依旧是一个半殖民地半封建社会,面临的主要矛盾还是帝国主义和中华民族之间、封建主义和人民大众之间的矛盾。"巴黎和会"中国外交失败,进一步暴露了资本主义民主政治的虚伪性。20世纪初的中国,呈现出"山雨欲来风满楼"的态势。"十月革命一声炮响,给中国送来了马克思列宁主义。中国先进分子从马克思列宁主义的科学真理中看到了解决中国问题的出路……中国人民就从精

神上由被动转为主动。"可见,救亡图存、追求独立富强民主,成为当时中华民族的历史主题和公共期待。问题在于,《宣言》作为马克思主义和科学社会主义学说在中国早期传播的代表性著作,它给予中国人民救亡图存这一历史主题何种"精神上"的支撑?

以陈独秀、李大钊等为代表的早期马克思主义宣传者为例,他们之所以接受并积极传播马克思唯物史观,特别是《宣言》的基本思想,除了马克思主义理论与中国传统文化具有共通之处,以及苏俄社会主义的直接影响外,更为重要的是,以《宣言》为代表的马克思主义价值观与中华民族救亡图存这一文化心态之间的契合性。

从中华民族救亡图存这一文化心态上看,当时中国的先进分子都在积极向西方学习并努力寻求救亡图存之道,但对于西方资本主义生产方式、文明道路,实质上却存在着一种非常复杂和矛盾的文化心态。一方面,就生产力、科学技术、工业文明乃至民主政治等方面说,是西方资本主义之"长技",是我们的学习榜样,恨不得都能"拿来";但另一方面,西方工业文明又是一种资本文明,它遵循着对外强权和极具攻击性的文明逻辑,世界性战争和全球性经济危机就是它的表现。因此,对于西方文明,当时的中国人抱着既想学习其长处或优势,又想避免其弊端或危害这样一种矛盾的文化心态。

从《宣言》的价值观上看,一方面,马克思对资本主义工业文明做了充分的肯定,认为"资产阶级在历史上曾经起过非常革命的作用",表现在:它推翻了封建统治,打破了封建社会的等级特权;它发展了强大的生产力,使生产关系和社会关系不断革命化;它建立了世界市场,创造了巨大城市文明,推动全球经济、政治、文化一体化等。另一方面,《宣言》又深刻地揭露了资本文明的罪恶和资本主义的历史局限性,表现在:经济危机周期性爆发,城乡矛盾和对抗的加深,宗主国和殖民地国家之间的对抗,资产阶级和无产阶级两大阶级之间的斗争,人与人之间关系的物化和分化等。在此基础上,马克思揭示了社会主义最终必然取代资本主义的历史规律性。

正如马克思主义既是西方工业文明的产物,同时又深刻地批判了西方资本文明的罪恶一样,《宣言》对于资本主义文明价值观的"两面分析"态度,恰恰契合了中国人既想学习工业文明,又要防止资本文明罪恶这样一种矛盾心理。因此,作为对人类优秀文化遗产的继承者和对西方资产阶级文化的批判者,以《宣言》为代表性著作的马克思主义一经传入中国,就对当时中国社会文化心理的深层产生了巨大的、持续的冲击力,使得在黑暗中摸索的先进的中国人找到了可以指引他们走出黑暗的"真理的火炬"。

第二次结合:《共产党宣言》中的阶级斗争思想与民主革命唤起民众。新民主主义时期特殊的时代背景,构成了以毛泽东为代表的党的第一代领导集体解读《宣言》的历史境遇,产生了解读《宣言》的问题域。带着"如何正确对待马克思主义,怎样把唯物史观具体运用于中国革命实际"的"前视域",以毛泽东为核心的第一代党的领导集体在解读《宣言》时,选择性地将"阶级斗争"思想作为解读的焦点,并将阶级分析法运用于中国社会各阶级的分析,在此基础上获得了"视域融合"的成果,即通过民主革命唤起民众。

将《宣言》与中国新民主主义革命结合起来的最典型代表是毛泽东。1941年,毛泽东在《关于农村调查》的讲话中说道:"记得我在1920年,第一次看了考茨基著的《阶级斗争》、陈望道翻译的《共产党宣言》和一个英国人作的《社会主义史》,我才知道人类自有史以来就有阶级斗争,阶级斗争是社会发展的原动力,初步地得到认识问题的方法论。可是这些书上,并没有中国的湖南、湖北,也没有中国的蒋介石和陈独秀。我只取了它四个字——'阶级斗争',老老实实地来开始研究实际的阶级斗争。"他还说:"马列主义的书要经常读,《共产党宣言》,我看了不下 100 遍,遇到问题,我就翻阅马克思的《共产党宣言》……读马克思主义理论在于应用,要应用就要经常读,重点读。"

可见,《宣言》对毛泽东确立马克思主义世界观和方法论起到了决定性的作用,而且毛泽东对《宣言》的解读,绝不是教条式地照搬照抄,而是以问题为导向,选择了阶级斗争的理论观点和方法,并运用于对中国社会各阶级状况的调查分析。其中《中国社会各阶级的分析》《湖南农民运动考察报告》等,就是毛泽东运用这一理论研究分析当时我国社会各阶级现状的光辉成果。他特别地把农民问题提升为中国革命的根本问题,为日后开展工农武装割据,寻求以农村包围城市、武装夺取政权的中国革命道路奠定了理论基础。可以说,阶级斗争的理论与方法,是毛泽东为代表的第一代共产党人从《宣言》中获取的最具理论创作性和革命实践性的真理基石。凭着这一真理基石,通过民主革命、阶级斗争,中国共产党成功地唤起了人口占绝大多数、受到民族和阶级双重压迫的工农劳苦大众,并将阶级的解放同整个中华民族的独立紧密结合起来,经过 28 年的浴血奋战,完成了新民主主义革命,实现了中国从几千年封建专制政治到人民民主的伟大飞跃。邓小平高度评价了毛泽东在实现马克思主义中国化过程中的历史功绩:"毛主席最伟大的功绩是把马列主义的原理同中国革命的实际结合起来,指出了中国夺取革命胜利的道路。"

第三次结合:《宣言》中的生产力发展观与"以经济建设为中心"。与前两次相比,第三次结合的历史境况、历史主题和时代任务都发生了重大的变化,解读《宣言》的"前视域"也随之发生了重要的变化。如果说,前两次结合发生在民主主义革命时期,是《宣言》中的价值观、阶级分析法与中国救亡图存、民主革命相结合,结合的"效果历史"是让中华民族"站起来",那么,第三次结合则是在社会主义建设和改革时期,是《宣言》中的生产力发展观与中国现代化建设相结合,结合的"效果历史"是让中国人民"富起来"。

生产力发展观是贯穿《宣言》始终的一个基本观点。在《宣言》中,马克思将生产力作为社会发展的最终动力,并运用社会基本矛盾分析法,科学揭示了人类社会的发展规律,指出发展生产力是建设和巩固社会主义的本质要求。马克思指出,在人类历史长河中,由于生产力发展的进步性和革命性,使得"封建的所有制关系,就不再适应已经发展的生产力了……起而代之的是……资产阶级的经济统治和政治统治"。而资产阶级统治的革命性作用,特别体现在"在它不到一百年的阶级统治中所创造的生产力,比过去一切世代创造的全部生产力还要多,还要大"。但随着资本生产力的进一步发展,"社会所拥有的生产力已经不能再促进资产阶级文明和资产阶级所有制关系的发展"。这时,社会主义取代资本主义就成为生产力发展的根本要求。而在"无产阶级将利用自己的政治统治,一步一步地夺取资产阶级的全部资本"的过程中,必须"尽可能快地增加生产力的总量",以便巩固和发挥社会主义制度的优越性,并最终战胜资本主义。马克思还指出,要实现社会主义国家向共产主义国家过渡,必须大力"去发展社会生产力,去创造生产的物质条件;只有这样的条件,才能为一个更高级、以每个人的全面而自由的发展为基本原则的社会形式创造现实基础"。

"以经济建设为中心",成为我国新时期社会主义现代化建设的历史主题或时代任务。由于十年"文革"浩劫,中国的社会发展遭到了巨大的破坏,国内生产总值处于历史低谷,国民经济几乎到了崩溃的边缘,人民生活十分贫困。"如何通过解放和发展生产力,改善人民生活水平,体现社会主义的优越性",成为摆在以邓小平为核心的第二代领导人面前的基本历史境遇或重大历史主题。早在1978年中国改革开放刚启动的时候,邓小平就说:"按照历史唯物主义的观点来讲,正确的政治领导的成果,归根到底要表现在社会生产力的发展上,人民物质文化生活的改善上。如果在一个很长的历史时期内,社会主义国家生产力发展的速度比资本主义国家慢,还谈什么优越性。"因此,必须实现全党工作重心的转移,即从以阶级斗争为纲转移到以经济建设为中心,明确指认社会的主要矛盾是人民日益增长的物质文化需要与落后的社会生产之间的矛盾,从而把发展生产力、提高人民物质生活水平作为社会主义的本质任务和价值标准,实现了新中国成立以来党的历史上具有深远意义的伟大转折。这是《宣言》中的生产力发展观与20世纪70年代末中国建设、改革发展的一次成功结合。

"视域融合"除了上述"融合"之必要性外,还须为这种融合创造社会条件和主体条件。这就是:(1)以实践标准问题大讨论为标志的"解放思想、实事求是"的国内思想解放,为"'文革'后中国该向何处去"问题的反思提供了难得的机遇;(2)二战后世界"和平与发展"的时代主题,为邓小平提出以经济建设为中心的生产力发展观提供了良好的外部环境;(3)中国"八大"之后社会主义建设的经验教训,以及邓小平自身独特的"三起三落"经历,也为他积累了丰富的政治经验。因此,将《宣言》中的生产力发展观结合于中国的历史境遇,必然具有中国的特色。比如,邓小平的社会主义生产力发展观、改革发展观是从"猫论""摸论"起步的,他第一次将解放和发展生产力作为社会主义的本质重要规定,用"三个有利于"取代"姓社"还是"姓资"作为判断改革成败的标准,建立起效率第一、兼顾公平的价值准则,开辟了建设有中国特色的社会主义的伟大事业。

第四次结合:《宣言》中的人民主体及其发展思想与"以人民为中心"的发展。第四次结合与第三次结合相比,尽管两者都处于社会主义建设与改革发展的历史境遇中,但又有根本的区别。第三次结合是《宣言》中的生产力发展观与中国"欠发展时期"以经济建设为中心工作的"视域融合",旨在生产力的发展和人民物质生活水平的提高,其目标是实现中国人民"富起来";第四次结合是《宣言》中的人民主体及其发展思想与"发展起来以后"中华民族实现伟大复兴的中国梦的"视域融合",旨在解决经济社会发展中的不平衡不充分问题,其目标是实现中华民族"强起来"。

人民主体及其发展思想,是《宣言》的一个核心思想,它包含三层含义:第一,阐述了无产阶级包括社会最底层民众在内的、占人口绝大多数的人民是人类社会的实践主体和价值主体。《宣言》指出:"过去的一切运动都是少数人的或者为少数人谋利益的运动。无产阶级的运动是绝大多数人的、为绝大多数人谋利益的独立的运动。"第二,揭示了作为无产阶级先进组织的共产党是实现人民主体利益的中坚力量和领导力量。指出"共产党人不是同其他工人政党相对立的特殊政党""他们没有任何同整个无产阶级的利益不同的利益",它始终是人民主体及其利益的代表者和践行者,"共产党人为工人阶级的最近的目的和利益而斗争,但是他们在当前的运动中同时代表运动的未来"。第三,《宣言》还展望了实现人类解放和人的自由全面发展的人类崇高理想,把共产主义视为一个联合体,"在那里,每个人的自由发展是一切人的自由发展的条件",即期望建立一种确保和维护最大多数人价值的新社会。

"坚持以人民为中心的发展",是习近平新时代中国特色社会主义思想的一项基本方略。作为党的根本宗旨、执政理念和社会的发展方式、价值取向,坚持以人民为中心的发展思想,也包含三层含义:(1)坚持人民的主体地位。人民不仅是实践主体,也是价值主体。作为实践主体,就要坚持发展依靠人民,尊重人民主体地位,发挥人民首创精神,从人民群众中汲取发展的智慧和力量;既然是价值主体,就要坚持发展为了人民,发展成果由人民共享,积极顺应人民群众对美好生活的向往,不断实现好、维护好、发展好最广大人民的根本利益,让改革发展成果更多更公平惠及全体人民,并以最广大人民的根本利益为最高标准,来检验和评判发展的成败得失。(2)坚持立党为公、执政为民的执政理念。中国共产党作为实现人民主体利益的中坚力量和领导力量,就是要始终坚持全心全意为人民服务的根本宗旨,把为人民谋幸福、为民族谋复兴作为不变初心,把人民对美好生活的向往作为奋斗目标,紧密保持党同人民群众的血肉联系,不断厚植党执政的群众基础。(3)将人的自由全面发展作为新时代中国特色社会主义的最高命意。之所以坚持发展为了人民、发展依靠人民、发展成果由人民共享,最终目的都是为了实现每个人的美好生活和自由全面发展。

《宣言》中的人民主体及其发展思想与中国特色社会主义进入新时代的这次结合,是在党和国家事业取得历史性成就、发生历史性变革的时代境遇下,在中国人民从"富起来"到"强起来"的历史方位中,在社会主要矛盾转变为人民日益增长的美好生活需要与不平衡不充分发展之间的矛盾条件下所做的一次具有重大意义的结合。这是一次从物态化发展到人态化发展、从单面性发展到全面性发展、从数量型扩张到质量型提升的过程,旨在实现由大国向强国的飞跃和中华民族伟大复兴的中国梦。

三、《共产党宣言》解释学视域百年解读的当代启示

从解释学视域考察《宣言》在中国百年历程中与中国革命和建设的四次结合,对于解读和阐扬包括《宣言》在内的马克思主义经典原著的当代意义,对于推进马克思主义的中国化、时代化、大众化,对于正确处理好马克思主义经典原著和马克思主义中国化两者之间"返本"与"开新"的辩证关系,都具有重要的理论意义和实践意义。

首先,对于解读和阐扬马克思主义经典原著的当代意义具有重要的借鉴和启示。经典原著解读的目的主要有二:一是弄清文本原意,二是阐扬当代意义。阐发与弘扬马克思经典文本的当代意义离不开解释学视域,解释学的根本任务就是追求文本解读的当代意义。由于"意义"并非文本所固有的、自明的,它不像一只"丢失的钱包"等待人们去捡拾,而是依赖于解释者的阐发和筹划,而解释者的阐发和筹划,又取决于解释者的"前结构",即社会环境、历史境况、文化背景甚至个人经历等"解释学处境"。只有将历史上的文本与当下读者的前见"融合"起来,才会出现具有当代意义的新的理解。因此,文本与读者的关系不是"独

白",而是"对话",是文本与读者之间、新旧视域之间的交互作用,即"解释学循环"。在这里,我们应特别注意到解释者的主体性和文本的开放性、生成性这两个内在关联的方面。一方面,应充分发挥解释者的能动性、创造性和主体性,因为文本解读的过程,就是一个解释者承载着"前见"和"问题意识",并不断赋予文本内涵和意义的思想再创造的过程;另一方面,这一过程并不是一次性完成的,而是有一个随着时代任务和历史境遇、问题域的不断变化而无限延展的过程,这一过程也决定了经典文本具有开放性和历史生成性的特点。与之相适应,马克思经典文本的当代价值也是一个不断生成和彰显的过程。因此,要阐扬马克思主义经典著作的当代价值,就不能僵化而静态地凝固于文本的某种历史形式,而始终要以我们正在做的事情为中心,构建与历史境遇、时代特征、实践主题相适应的马克思主义理论新形态。

其次,对于推进马克思主义中国化、时代化、大众化也具有重要的借鉴和启示作用。马克思主义中国化就是马克思主义基本原理与中国革命和建设、与中国传统文化相结合的过程,这是一个在实践中不断推进马克思主义理论的民族化、时代化、大众化,赋予马克思主义以中国作风和中国气派的过程。从解释学的视角来看,马克思主义中国化实际上"是中国的先进知识分子在中国实际的'前见''界域'上来理解、选择、运用马克思主义,对马克思主义文本进行文化的诠释和实践的诠释,并将其融入到中国人的文化心态、思想意识和生活方式之中……如果脱离'中国化'的特定语境(中国的传统文化、实践基础等)而照搬照抄马克思主义的经典文本或异国模式,并以绝对真理式的'"正统''权威''唯一'自居,必然造成机械的、僵化的教条主义。这在中国革命和建设的历史上并不鲜见并给革命和建设造成了巨大的损失"。事实上,《宣言》与中国革命和建设在横跨百年中国近现代史上的四次结合,其动力源均来自中国当时每一次面临的历史境况和问题域。我们之所以先后选择了《宣言》中的价值观、阶级斗争思想、生产力发展观、人民主体及其发展观,分别与中国历史上的"救亡图存"、新民主主义革命、以经济建设为中心、以人民为中心的发展等相结合,就是因为在不同时期我们面临着不同的时代主题和实践任务,而马克思主义中国化的每一个成果,都是沿循着问题域给予恰适性回答的结果。在这里,文本及其思想是内在固有的、相对稳定的,但解读者、运用者则是历史变化的,他们总是携带着对中国历史和实际的理解所形成的"前见"或"视域",去选择、阐释和运用文本思想,这不是一个复制模仿,而是一个通过再创造生成出新意义的过程。这一过程,既推动促进了中国革命和建设的进程,又创新发展了马克思主义理论,实现了马克思主义的中国化和中国化的马克思主义。

最后,要克服陷入"文本中心主义"或"解释者中心主义"的误区,正确处理好马克思主义经典原著和马克思主义中国化两者之间的客观性与主观性、绝对性与相对性、"返本"与"开新"的辩证关系。"文本中心主义"是一种以"文本为本位"的解读模式,它把著作的内容置于原始的语境中,着眼于作者的写作背景、写作语境和写作过程,企图解读出文本所要表达的原初本义。"文本中心主义"强调经典文本的客观性和绝对性,极力主张摆脱个人的主观偏见,以期纯客观地解读文本的意义。"解释者中心主义"的哲学基础是相对主义和主观主义,它片面强调"一千个读者就有一千个哈姆雷特",否认解释和理解的客观性和确定性的一面。相对主义解释学、文本虚无主义、历史语境主义等,都是"解释者中心主义"在现实生活中的表现。"文本中心主义"与"解释者中心主义"的共通之处,在于将文本与解释、客观性与主观性、绝对性与相对性等抽象地对立起来,殊不知真正的理解必然是两者之间的辩证统一。对于正确处理马克思主义经典原著和马克思主义中国化之间的辩证关系来说,就是要做到"返本"与"开新"的统一。这是一个不断深入抵达马克思主义本真精神(即"返本")和努力开拓马克思主义中国化新境界(即"开新")的双向互动、循环递进的过程。其中"返本"是"开新"的历史前提和理论源泉,"开新"是"返本"的内在要求和根本目的。这也是在新时代中国特色社会主义条件下,重新研读《宣言》的当代性质和当代意义。

主要参考文献

[1] 习近平. 习近平谈治国理政:第二卷[M]. 北京:外文出版社,2017

[2] 中共中央文献研究室. 十八大以来重要文献选编:上[M]. 北京:中央文献出版社,2014

[3] 《思想的历程》创作组. 思想的历程:马克思主义在中国的百年传播[M]. 北京:中央编译出版社,2011

[4] 陈先达. 文化自信与中华民族伟大复兴[M]. 北京:人民出版社,2017

[5] 中共中央马克思恩格斯列宁斯大林著作编译局. 马克思恩格斯全集:第一卷[M]. 第2版. 北京:人民出版社,1995

施复亮对马克思主义的传播与实践

摘要：施复亮是我国第一批马克思主义传播者，他通过多种渠道传播马克思主义，并联系中国实际，提出社会革命的主张和策略。同时他还在革命斗争中积极实践马克思主义，在日本留学期间，积极开展党组织活动，在社会主义青年团确立以马克思主义为信仰，参与组织和领导反帝反封建反军阀的群众运动和革命斗争等。在中国共产党创建时期，对马克思主义的传播和实践做出了积极贡献。

关键词：施存统；传播马克思主义；实践马克思主义

1920年5月，施复亮（原名施存统）在上海时，就参加了由陈独秀发起组织的马克思主义研究会，开始接触和研究马克思主义。但是，他这时还没有完全摆脱无政府主义。这年6月，他参加了上海中共早期组织和青年团的创建活动，是最早的共产党员之一。6月底，他到日本留学后，刻苦学习日语，只用了几个月便能阅读日文书籍。他阅读了日本社会主义者、著名社会活动家幸德秋水、堺利彦、山川均和河上肇等人翻译的马克思、恩格斯的日文著作，以及他们介绍和研究马克思主义和社会主义的著作及论文，并与他们经常交往，共同探讨。

施复亮经过学习与研究后，在1921年上半年就有了向马克思主义屈服的想法。这年的5月8日，他在《民国日报》上发表的《为主义信主义》一文中就声明："被主义征服，屈服于主义，这绝不是有丝毫可耻的事。……只有主义是值得跪下的。"[①]5月16日，他写了《我们要怎么样干社会革命？》一文，说出了如何进行中国革命的主张。他坚信，只有共产主义才能挽救中国，"所以才决定终生为共产主义努力，终生为共产主义牺牲"[②]。7月，施复亮已经彻底清除了无政府主义的影响，立场更为鲜明，宣称："我相信近世无政府主义原理不适用

---

① 《为主义信主义》，《民国日报》副刊《觉悟》，1921年5月8日。
② 《我们要怎么样干社会革命？》，原载《共产党》第5号，1921年6月7日。转引自钟离蒙、杨凤麟主编：《中国现代哲学史资料汇编续集》（第一册）第26页，辽宁大学哲学系刊行，1984年。

现在中国,所以不敢附和无政府主义。"① 到了 11 月,他说:"我可以自白,我是绝对信仰马克思主义的人。"②

从此之后,他不仅刻苦学习和研究马克思主义,而且通过多种渠道积极传播马克思主义,并联系中国实际,提出社会革命的主张,努力实践马克思主义。可以说,他是我国第一批马克思主义的传播者和实践者。

一、通过多种渠道传播马克思主义

(一)在报刊上发表译文和文章传播马克思主义

从 1921 年 1 月开始至 1922 年底,施复亮在《民国日报》《共产党》《东方杂志》等报刊上,先后发表了自己翻译的山川均的《马克思主义和劳动全收权》《俄罗斯革命与唯物史观》《劳农俄国问题》《现代文明的经济基础》《社会主义者社会主义观》《劳农俄国的安那其主义者》、河上肇的《见于〈共产党宣言〉中的唯物史观》《马克思上所谓"过渡期"》《马克思主义与达尔文主义》《马克思主义理想及其实现的过程》③,以及枻田民藏的《唯物史观在马克思学上底位置》等④。他还在报刊上发表自己写作的主要文章,如《唯物史观在中国底应用》《唯物史观和空想》《读新凯先生底〈共产主义与基尔特社会主义〉》《经济组织与自由平等》《我们要怎么样干社会革命?》《第四阶级独裁政治底研究》《无产阶级专政与领袖变节》《马克思底共产主义》和《马克思主义底特色》等⑤。

(二)以自己主编的《先驱》为传播马克思主义的阵地

施复亮在担任社会主义青年团中央书记并兼任青年团机关报《先驱》主编期间,主编了 17 期《先驱》(共 25 期)。他不仅组织发表了大量宣传马克思主义理论和国际共产主义运动,介绍俄国十月革命的经验,反映中国工农运动、青年运动和学生运动的文章,而且还亲自撰写发表了 20 多篇文章。

1922 年 11 月 7 日,他在《先驱》第 13 号上发表了《一九一七年十一月七日》一文。该文热情歌颂了十月革命的胜利,号召"全中国无产阶级,都应该团结在中国共产党旗帜之下,亦即团结在第三国际旗帜之下;全中国青年无产阶级,都应该团结在中国社会主义青年团旗帜之下,亦即团结在少年共产国际旗帜之下。我们须用这两个武器去打倒国际资本、帝国主义,建设共产社会以完成历史的使命。在目前,我们更须联合一切革命团体去打倒封建式的军阀,以获得无产阶级发展的机会,如同俄罗斯无产阶级和资产阶级联合的十月革

---

① 《再与太朴论主义的选择》,《民国日报》副刊《觉悟》,1921 年 7 月 31 日。
② 《读新凯先生底〈共产主义与基尔特社会主义〉》,《新青年》1922 年第 9 卷第 6 号。
③ 除文中已标注出处外,其他文章出处均见《施复亮全传》附录一(二)译作,江苏人民出版社,2018 年版,第 295—296 页。
④ 《唯物史观在马克思学上底位置》,[日]枻田民藏著,施复亮译,《东方杂志》1922 年第 19 卷第 11 期,第 33—47 页。
⑤ 《施复亮全传》附录一(三),江苏人民出版社,2018 年,第 299—301 页。

命一样"。

1923年5月10日,他在《先驱》第17号上发表了《马克思诞辰一百零五周年纪念日敬告中国青年》一文,指出"马克思主义是无产阶级革命的唯一的指导原理""是推翻资本主义解放无产阶级的唯一的武器",中国对于"马克思主义的需要——应用马克思主义的原理来改造中国社会的需要即十分迫切"。

1923年2月1日至6月20日,他在《先驱》上连载了长达24 000字的《本团的问题》。该文依据马克思主义革命的精神,对中国社会主义青年团的性质、政策、任务、斗争策略、组织原则、宣传及经费等方面的问题做了全面分析。他强调:"我们是一个行动的共产主义者,我们的团体是一个行动的团体。"还指出,对待任何群众运动,任何社会问题,都不能"中立""中立就是自杀",要参加进去,使它接受团的影响,接受团的指挥。他满怀信心地说:"最后的胜利一定属于我们。"

(三)通过大学讲坛传播马克思主义

1923年8月底,施复亮因身体原因力辞团中央的一切职务后,便应邓中夏的邀请,到上海大学社会学系任教授,主要讲授社会运动史、社会思想史、社会问题三门课程。他亲自编写了这三门课程的讲义,后收入《社会科学讲义》第二集,由上海书店印刷发行。他在教学中,极力用马克思主义的唯物史观以及阶级斗争、无产阶级革命和专政的理论阐述社会发展史、运动史,并结合中国实际,讲解解决中国社会问题的根本原则和基本方法。上海大学还印发了他的《劳动问题讲演大纲》。

1926年9月,施复亮在上海遭到军阀孙传芳、齐燮元的通缉,党组织考虑到他的安全问题,安排他去广州,在中山大学任教,并在黄埔军校、广州农民运动讲习所讲授政治经济学,主要是结合中国的国情和苏俄的革命经验,讲授马克思《资本论》的主要论点。12月,施复亮应邀到广州党立华侨运动讲习所做了题为"孙文主义与马克思主义"的演讲。在演讲中,他比较了孙文主义与马克思主义的异同,明确指出两者是共容的而不是矛盾的、冲突的,"孙文主义不但和马克思主义没有冲突,并且孙文主义成功,就是马克思主义成功"。这篇演讲稿发表在1927年1月14日的《民国日报》副刊《现代青年》上。

1927年2月,根据党组织的安排,施复亮到黄埔军校武汉分校任政治教员,主要讲授各派社会主义、社会问题纲要。他在讲课时,公开表明自己的观点,主要是:无产阶级和学生、兵士等要联合起来,反对帝国主义、反对资产阶级、打倒军阀,主张以列宁领导下的苏维埃为榜样,对敌人展开有组织有策略的斗争。

1932年下半年,施复亮去北京,先后在北平大学、民国大学和北平师范大学任教,讲授《资本论》。同时,他还经常在各种集会和群众团体中发表演说,或是撰写文章,宣传抗日救国。不少学生纷纷去他任教的大学"听左派教授施复亮演讲"。由于施复亮讲授《资本论》,宣传马克思主义,在呼吁抗日救国的同时,不断抨击蒋介石政府的不抵抗主义政策,因此引起了政府当局的注意。在当年教育部三〇四号密令中提到,"所有本市各大学之社会科学教授,多系唯物主义者"。其中点到陈豹隐、李达、马哲民、施复亮、许德珩、侯外庐等,并说"其影响青年思想,诚非浅鲜",要各大学"严密防范各该大学学生之共党活动",还责令对施复亮等之言论行动随时注意①。北京市党部发出逮捕施复亮、许德珩、侯外庐、刘侃元和马哲民等五位教授的通缉令，由于一位学生得到消息后及时通报，施复亮才免遭逮捕。

1936年秋至1938年初，施复亮先后在广西大学（一说广西师专）和山西民族革命大学讲授经济学，主要是传播马克思的《资本论》等政治经济学说。

（四）通过出版译著和著作传播马克思主义和社会主义

从1922年到1938年，施复亮出版有关传播马克思主义的主要译著有《马克思学术概要》、《马克思主义与唯物史观》（与范寿康、化鲁合作译述）、《资本论大纲》、《唯物史观经济史》、《苏俄政治制度》、《辩证法与资本制度》、《苏联经济政策及社会政策》（与钟复光合译）、《现代唯物论》（与钟复光合译）等；主要著作有《劳动运动史》、《社会科学讲义》（第二集）、《社会思想史》、《社会问题大要》、《中国现代经济史》等。

施复亮有关马克思主义的译作和著作，都重点传播了马克思主义的唯物史观、剩余价值理论、阶级斗争及无产阶级专政学说，对于中国共产党创立初期的理论建设、中国的社会革命和中国无产阶级的革命运动等，都起到了启示和促进作用。

二、联系中国实际，主张社会革命

施复亮在研究和传播马克思主义的过程中，注重联系中国的实际，以马克思主义原理为指导，分析中国的状况，提出在中国进行社会革命的主张和策略。

（一）必须研究和坚持唯物史观

早在1921年3月23日，施复亮就在《民国日报》副刊《觉悟》上发表了《理智和情感底矛盾》一文，指出："马克思学说最重要的原理有三点：（一）唯物史观；（二）阶级斗争；（三）剩余价值。这三者之中，以唯物史观为骨子。离开唯物史观，阶级斗争和剩余价值都无法理解。""唯物史观底根本要义是：社会组织底改变，由于社会底物质的生产力底进步；社会底物质的生产力底进步，由于生产力关系的更新。"

一个多月后，即5月15日，他又在《觉悟》上发表了《见于〈共产党宣言〉中的唯物史观》一文，指出："我以为唯物史观是最能医治'空想'的毛病的。我虽然不敢说我现在已经由'空想的'进于'科学的'了，但我却敢自信，我的'空想'，已经减了不少。我很希望大家对于马克思的唯物史观和科学的社会主义，多做一点研究。"

7月21日，他在《觉悟》上发表的《第四阶级独裁政治底研究》一文中，又进一步总结了自己对马克思主义的整体认识，指出："马克思主义，如果分析起来，我以为可画如下一个统系（假如的）：唯物史观——阶级斗争——剩余价值——资本集中——资本主义崩溃——无产阶级独裁——社会主义实现。"

9月8日，他在《觉悟》上发表了《唯物史观在中国底应用》一文。文中指出，唯物史观

---

① 北京大学档案卷宗七，目录第一号，案卷号第359号。

"是人类社会进化底一个法则,彼底应用范围,当然无中外之分"。在唯物史观、阶级斗争、剩余价值这三者中,"以唯物史观为根本,离开唯物史观,阶级斗争和剩余价值都无法理解,换句话说,马克思主义是以唯物史观为根底的,撇开唯物史观,就不成其为马克思主义"。在该文中,他还从五个方面讲了唯物史观的要义。

9月23日,他在《觉悟》上发表的《马克思主义底特色》一文指出:"马克思主义底特色,一言以蔽之,就在于有唯物史观。所以我们可以说,马克思主义底特色,在于注重物质的条件。轻视了物质的条件,便不成为马克思主义。""马克思主义底特色,在于处处顾到物质的条件。要建设怎样的社会,必须先找到那个社会所需要的物质的条件。一定的'精神的构造',必定与一定的'物质的构造'相应。物质的构造,是一点一滴堆积成的;精神的构造,也是一点一滴堆积成的。"他还指出:"主张社会主义,原不从马克思起;然社会主义成为有势力,却是马克思出来以后的事。近世社会主义没有一种不受马克思的影响。近世劳动运动,没有一件不被马克思主义的精神支配着。……从前空想的社会主义者,以为资本制度是一时错误弄出来的,所以要想用什么绝对的真理去矫正彼。马克思却不然,他证明了资本制度是历史的过程,他从这个里面发见了从资本主义社会发展来的生产力,已足实现社会主义了。在他看来,资本主义必定要灭亡,社会主义必定要兴起。这种重要的证明,很可以增加我们的确信和勇气。"他强调:"要改造中国社会,只有实行社会主义;要实行社会主义,只有遵守唯物史观。"

(二) 必须教育更多的人信奉共产主义

施复亮在《我们要怎么样干社会革命?》一文中说,只有共产主义才能挽救中国,只有这个主义比较能在中国实行;所以才决定终生为共产主义努力,终生为共产主义牺牲①。并且指出:"俄罗斯共产主义国家,已经替全世界无产阶级开一个新纪元了;从此各国无产阶级,必然奋起猛进,推倒有产阶级,与俄罗斯同志们携手协力建设共产主义世界。"②他还说出了自己的理由和策略。

他先从国际上看,社会主义代替资本主义是世界历史发展的必然趋势。"中国的资本主义虽不发达,世界的资本主义却已由发达而崩坏了,绝没有世界的资本主义灭亡而中国的资本主义能独存之理。"接着从国内来说,无产阶级要摆脱"非人生活"而获得"人的生活",也只有用共产主义来发展产业。鉴于上述理由,他认为,在中国实行共产主义是非常必要的。同时,他指出,实行共产主义的必要条件是"用机器生产"和"一切产业的社会化",而中国"是一个农业国,工业很不发达,实行共产主义,比别国要更加困难"③。中国革命具

---

① 《我们要怎么样干社会革命?》,原载《共产党》第5号,1921年6月7日。转引自钟离蒙、杨凤麟主编:《中国现代哲学史资料汇编续集》(第一册)第26页,辽宁大学哲学系刊行,1984年。
② 《我们要怎么样干社会革命?》,原载《共产党》第5号,1921年6月7日。转引自钟离蒙、杨凤麟主编:《中国现代哲学史资料汇编续集》(第一册)第26页,辽宁大学哲学系刊行,1984年。
③ 《我们要怎么样干社会革命?》,原载《共产党》第5号,1921年6月7日。转引自钟离蒙、杨凤麟主编:《中国现代哲学史资料汇编续集》(第一册)第2页,辽宁大学哲学系刊行,1984年。

有艰巨性。

他在分析了中国革命的必要性和艰巨性之后,又进一步说明,中国革命既要靠经济的必然,又要靠人们的努力这个历史辩证法。他指出:"社会革命,一半是'经济的必然',一半还靠着'人们底努力'。"二者缺一不可。

他还在《马克思底共产主义》一文中,依据马克思的经典理论,结合中国国情,阐述了实现共产主义的"三时期":

"一时期"是革命的过渡期;"二时期"是共产主义的半熟期,即社会主义时期;"三时期"是共产主义完成期。过渡期的"性质""就是无产阶级专政",其"最大工作:(一)把一切生产机关归国有;(二)征服有产阶级,并消灭一切阶级;(三)整理生产事业并发展生产力"。半熟期"是刚从资本主义社会脱出的新共产主义社会的时期",还遗留着旧社会的遗风,因此,"强制力在这时期也还不能免除",还只能采取"各取所值"的分配原则。完成期则是"生产力已达到了十分可惊的程度,完全能够做到'各尽所能,各取所需'的自由共产主义社会的时期"。

在这篇文章中,他还说:"我认为马克思主义全部理论,都是拿产业发达的国家材料做根据的,所以他有些话,不能适用于产业幼稚的国家。但我以为,我们研究一种学说一种主义,决不能'囫囵吞枣''食古不化',应当把那种主义那种学说的精髓取出。"马克思主义本身"并不是一个死板板的模型,所以我以为,我们只要遵守马克思主义的根本原则就是了;至于枝叶政策,是不必拘泥的"。在中国实行马克思主义,"实在没有违背马克思主义的精髓,乃正是马克思主义精髓的应用"①。

他针对当时了解并相信共产主义的人还很少,提出要通过宣传和教育,使更多的人了解并相信共产主义,并为之奋斗,以致牺牲。指出:"我相信要使人民信奉共产主义,非从教育上用功不可。""……只有从知识上彻底了解共产主义的人,才是真正相信共产主义的人。所以我们一面虽然要极力防止他们反对共产主义的行为,一面却要设种种方法教育他们相信共产主义。等到大多数人真正相信共产主义了,共产主义的社会才能建筑得起。"②

(三)必须坚持阶级斗争和实行无产阶级专政

阶级斗争是马克思主义三大基本原理之一,施复亮通过研究马克思无产阶级专政学说和苏维埃革命的经验,对苏维埃革命的性质、社会主义和无产阶级专政有了全新的认识,他在《见于〈共产党宣言〉中的唯物主义观》一文中指出:"一切过去社会的历史,都是阶级斗争的历史。自由民和奴隶,贵族和平民,领主和女农奴,行东和雇工……简单说,就是压制者和被压制者,自古以来,常常互相反目,或隐然或公然地继续斗争。"

可以说,他于1921年6月7日发表在《共产党》月刊第5号上的《我们要怎么样干社会革命?》一文是他的代表作。在该文中,他分析了中国社会的状况,阐述了阶级、阶级斗争、

---

① 《我们要怎么样干社会革命?》,原载《共产党》第5号,1921年6月7日。转引自钟离蒙、杨凤麟主编:《中国现代哲学史资料汇编续集》(第一册)第24页,辽宁大学哲学系刊行,1984年。

② 《马克思底共产主义》,《新青年》第9卷第4号,1921年8月14日。

武装和无产阶级专政。他指出:"阶级斗争,乃是在阶级制度下面必然发生的事情,也是只在阶级制度下面才能适用的东西。……无产阶级专政,也是在一定社会下面一定发生的事情,而且也只在阶级对立的社会才能适用的东西。无产阶级专政,本是一种革命手段,并不是共产党的目的,共产党的目的,乃在于实现共产主义。"①

要剥夺少数资产阶级的强权,"被压迫的生产的劳动阶级自己造成新的强力,即劳农专政""劳农专政并不是拿国家建立无产阶级的特权,是要拿国家来撤废一切阶级的",其目的是"利用国家机器,把资产阶级完全征服。这种专政是正义的"。"所以我们现在要干革命,就要将政治革命和社会革命合拢来干。我们第一步就是要把现政府推翻,自己跑上支配阶级地位去,藉着政治的优越权,来改变经济组织。……除此之外,再没有第二个方法。"②他还说:"我们共产主义者,主张推翻有产阶级的国家之后,一定要建设无产阶级的国家;否则,革命就不能完成,共产主义就不能实现。"③

他强调,要夺取政权,必须有武器和军队。他说:"武器在人家手里,我们怎好讲革命,这是很浅明的事。""在中国谈革命就必须要有自己的军队。"④

他指出:"在中国实行社会革命,最有力量的人,是无产阶级和兵士;然这两种人,现在都是无觉悟的,不懂社会主义的,要使他们有觉悟,相信社会主义,就非有觉悟的学生跑进他们团体里去宣传不可;等到无产阶级和兵士相信社会主义的多了,然后三者团结一致,利用机会,猛然干起社会革命来,把那个地方底政权夺在我们手中,凭藉政权来建设社会主义的经济组织。据我所知,只有这个方法,才是最有效力的"⑤。他还说:"我们底社会革命,只有'由无产阶级,学生,兵士,三角联盟成的直接行动'才能成功。这三种人,各有各底作用,缺一就不能成功。"⑥

《我们要怎么样干社会革命?》和《马克思底共产主义》这两篇重要文章都是在中国共产党召开一大前夕,在共产党的机关刊物《共产党》上发表的,这对中国共产党早期的理论建设和中国革命无疑具有指导意义和启示作用。

三、在革命斗争中实践马克思主义

施复亮不仅著书立说,宣传马克思主义,而且在革命斗争中实践马克思主义。

---

① 《我们要怎么样干社会革命?》,原载《共产党》第5号,1921年6月7日。转引自钟离蒙、杨凤麟主编:《中国现代哲学史资料汇编续集》(第一册)第25页,辽宁大学哲学系刊行,1984年。
② 《我们要怎么样干社会革命?》,原载《共产党》第5号,1921年6月7日。转引自钟离蒙、杨凤麟主编:《中国现代哲学史资料汇编续集》(第一册)第30页,辽宁大学哲学系刊行,1984年。
③ 《我们要怎么样干社会革命?》,原载《共产党》第5号,1921年6月7日。转引自钟离蒙、杨凤麟主编:《中国现代哲学史资料汇编续集》(第一册)第25页,辽宁大学哲学系刊行,1984年。
④ 《我们要怎么样干社会革命?》,原载《共产党》第5号,1921年6月7日。转引自钟离蒙、杨凤麟主编:《中国现代哲学史资料汇编续集》(第一册)第34页,辽宁大学哲学系刊行,1984年。
⑤ 《我们要怎么样干社会革命?》,原载《共产党》第5号,1921年6月7日。转引自钟离蒙、杨凤麟主编:《中国现代哲学史资料汇编续集》(第一册)第33页,辽宁大学哲学系刊行,1984年。
⑥ 《我们要怎么样干社会革命?》,原载《共产党》第5号,1921年6月7日。转引自钟离蒙、杨凤麟主编:《中国现代哲学史资料汇编续集》(第一册)第30页,辽宁大学哲学系刊行,1984年。

(一)在日本留学期间,积极开展党组织的实际活动

1921年4月下旬,施复亮在陈独秀、李达的介绍下,与在日本鹿儿岛第七高等学校读书的周佛海联系,建立旅日中共早期组织,他任负责人。他的主要任务,一是加强与日本共产党人的接触,二是在中国旅日学生和其他人士中发展中共党员。

李达、李汉俊给旅日中共早期组织发出了派代表参加中共一大的信函,按当时情况,施复亮应该比周佛海更具备代表资格。可是,他考虑到周佛海已多年没有回国了,又时值暑假,便决定由周佛海代表旅日中共早期组织出席中共一大。

周佛海回国参加一大后,施复亮留在东京继续从事革命活动,与旅日进步青年建立联系,使得旅日中共早期组织有了快速发展,成员增加到十多人。小组成员多数是留学预备生,这其中包括后来成为"农民运动大王"的彭湃,还有杨嗣霞、林孔昭等人。该组织的负责人依然是施复亮。

在日本期间,施复亮与日本共产党人、社会主义者幸德秋水、山川均、堺利彦、河上肇、高津正道等人联系密切,共同研究马克思主义和社会主义革命的理论。1921年8月,共产国际派张太雷秘密赴东京,劝说日本派人参加同年秋召开的远东各国共产党及民族革命团体大会,施复亮作为旅日中共早期组织的负责人,从中斡旋,促成了日本社会主义者与中国社会主义者及共产国际的联系。这也成为他不久后即遭到日本警局逮捕并被驱逐出境的主要原因之一。

(二)在社会主义青年团确立以马克思主义为信仰

1922年1月底至2月初,施复亮被中共中央书记陈独秀指派为青年团临时中央局代理书记,并兼青年团上海地方委员会书记,着手青年团恢复整顿和筹备召开青年团一大的工作。他看到当时团员的成分很复杂,既有马克思主义者,也有无政府主义者、基尔特社会主义者和工团主义者,还有一些是不知缘由加入的。因此他认为,在青年团内不能有这么多的主义,要把全体团员的思想认识统一起来,确立一个共同的信仰,这个共同的信仰只能是马克思主义。于是,他将信仰马克思主义作为恢复和整顿团组织的指导思想,明确恢复后的社会主义青年团应该是专门信奉马克思主义的团体。根据这个要求,各地团组织重新登记,成立新的团组织也要坚持这个原则。4月1日,《先驱》第5号刊布由施复亮主持起草的《中国社会主义青年团临时章程》,其宗旨为"以马克思主义,实行社会改造及拥护青年权利"。

(三)参与组织和领导反帝反封建反军阀的群众运动和革命斗争

1922年3月,施复亮和李大钊、陈独秀、蔡和森等人一起组织和领导了共产党和青年团"非基督教学生同盟"即非基督教运动。施复亮曾回忆说,召开上海非基督教学生同盟成立大会时,"……到了四五百人,我当主席,请了杨杏佛、左舜生等在会上讲演。后来许多地方

都建立了这样的组织"①。3月9日,施复亮在《先驱》上发表上海各校"非基督教学生同盟"宣言,指出:世界的资本主义"先后拥入中国,实行经济的侵略主义了,而现在的基督教及基督教会,就是这经济侵略的先锋队"。宣言对"世界基督教学生同盟"准备于当年4月4日集合全世界基督教徒在北京清华大学开会表示抗议,号召广大青年学生和工人起来反对帝国主义的这种"学生同盟"。全国各地爱国学生和教育界爱国人士积极响应。继上海、北京之后,广州、南京、长沙、湖北、杭州等30余地也纷纷成立了这类组织。

1922年4月17日,上海日华纱厂等工厂举行罢工后,为支持工人罢工,当时兼任上海团执行委员会书记的施复亮,组织青年团出面发动了一个规模很大的募捐活动,他还亲自加入了一个小组去街头募捐,和一个叫欧阳笛渔的青年工人一起被捕。

1922年8月,当陈炯明不打军阀反而炮轰孙中山总统府时,施复亮率领广大青年支持孙中山,并提出"反对外国帝国主义!支持苏俄!反对国内反动派!打倒军阀!"等口号。

1922年9月29日,施复亮主持议定并发布中国社会主义青年团中央执行委员会第24号通告——《双十节举行反对帝国主义大示威》。通告明确指出为什么要举行反对帝国主义大示威:"因为帝国主义之侵略实形成了中国现在的纷乱和困苦,我们应当将他的罪恶在这些群众面前赤裸裸地宣布出来,并分析给全国人民知道,使他们早日觉悟帝国主义在中国的势力一日不铲除,中国的纷乱和困苦一日延长一日,一日险恶一日。他是资本主义发展的必然过程,他是剥削一切弱小民族的脂膏,他是制造中国乱源的渊薮。所以希望中国统一、和平、自由、独立,也就要首先反对帝国主义!"②

1923年2月4日,共产党组织发动京汉铁路两万多工人举行大罢工。为了配合共产党的这一行动,施复亮领导的团中央号召京汉铁路的青年团员,在共产党的领导下,积极参加罢工。各地团组织积极响应。2月7日,吴佩孚调动两万多军警进行镇压,并抓捕和杀害工人领袖、共产党人和罢工工人,共致死50多人,伤300多人,造成了震惊中外的"二七"惨案。惨案发生后,施复亮又号召全国青年团员进行声援,并积极参与反对反动军阀的斗争。3月1日,施复亮主持团中央发布《中国社会主义青年团为"二七"大惨案宣言》,揭露军阀吴佩孚屠杀京汉铁路工人的罪行,同时号召:"工人们,农人们,学生们及一切被压迫的人们!我们受军阀和帝国主义两重压迫已经很够了,打倒军阀和帝国主义的需要已经迫在眉睫!我们三十九个为争自由而惨死的同志已在血阵中招呼我们冲上去了!我们须一致团结起来奋力打倒军阀和帝国主义,争回我们的自由以继诸先烈未竟的伟业呵!"③

1923年6月,北京曹锟贿选丑闻败露后,引起国内各阶层人士的声讨,施复亮也积极率领青年团参加斗争,并亲自在大街上散发传单,因此遭到逮捕,又一次被投入狱中,后由李大钊设法保释出狱。

1925年五卅运动中,施复亮响应中共中央的号召,鼓励和指导上海大学学生参加反帝

---

① 《施复亮谈1920—1923年的社会主义青年团》,参见中国社会科学院青少年研究所青运史研究室编:《青运史资料与研究1》,1982年,第142页。
② 《双十节举行反对帝国主义大示威》,《先驱》第16号,1923年2月1日。
③ 《中国社会主义青年团为"二七"大惨案宣言》,《先驱》第17号,1923年5月10日。

斗争。6月8日,《民国日报》发表了他与陈望道起草的《武装解散学校讯——上大全体宣言》。宣言指出:"无论如何的淫威来压迫自由,如何的黑暗侵袭独立,断然师生合作一起,努力反抗,决不退让。"在这期间,他在《上大五卅特刊》第二期和第三期上先后发表《组织工会及罢工的自由》《只有前进,不能后退!——我们的生死关头》等文章,号召组织工会,领导工人积极参与反对日本资本家的斗争,批评上海总商会等宣布停止罢市、破坏反帝统一战线的错误行为,支持和呼吁工人和学生坚持罢市,决不后退①。

1927年春夏期间,施复亮在黄埔军校武汉分校任政治部主任时,参加了讨伐国民革命军叛军夏斗寅部和反动军阀杨森的战斗,直至胜利。

综上,施复亮参与了上海中共早期组织和中国社会主义青年团的创建活动,不愧为我国第一代马克思主义的传播者和实践者。不可否认,他在大革命失败后声明退出共产党,并先后提出改良主义和中间路线,曾一度认为孙中山的三民主义更适合中国国情。但他在试图用革命的三民主义改造国民党的主张失败后,便退出政坛,著书立说,继续宣传马克思主义、无产阶级运动和苏俄社会主义,并深刻反省和检讨了自己的错误。七七事变后,他积极投身抗日洪流,并用唯物辩证法分析当时的局势和敌我力量,出版了《全民抗战论》,提出了"持久的全面的抗战""全民抗战""民主抗战"的主张②。抗战胜利后,他与黄炎培等人创建民主建国会,积极参加反对内战、反对蒋介石独裁统治的斗争和民主建国运动。新中国成立后,他在改造民族工商业者、调整劳资关系和创建新中国劳动保障制度等方面,也做出了突出的贡献。

主要参考文献

[1] 施复亮.为主义信主义[N].民国日报·觉悟副刊,1921-05-08

[2] 施复亮.再与太朴论主义的选择[N].民国日报·觉悟副刊,1921-07-31

[3] 施复亮.读新凯先生底〈共产主义与基尔特社会主义〉[J].新青年,1922,9(6)

[4] 施复亮.马克思底共产主义[J].新青年,1921,9(4)

[5] 施复亮谈1920—1923年的社会主义青年团[Z]//中国社会科学院青少年研究所青运史研究室.青运史资料与研究:1,1982:142

[6] 施复亮.民主抗战论[M].上海:上海进化书局,1937

[7] 钟离蒙,杨凤麟.中国现代哲学史资料汇编续集:第一册[Z].沈阳:辽宁大学哲学系,1984

[8] 何民胜.施复亮全传[M].南京:江苏人民出版社,2018

[9] 栉田民藏.唯物史观在马克思学上底位置[J].施复亮,译.东方杂志,1922,19(11):33-47

---

① 《施复亮全传》附录一(三),江苏人民出版社2018年版,第307页。
② 施复亮著:《民主抗战论》,上海进化书局,1937年版。

论冯雪峰人格风范的基本特征

摘要：冯雪峰是伟大的马克思主义文艺理论家、著名诗人、无产阶级革命家,他为实现国家富强、民族振兴和人民幸福建立了不朽功勋,同时也以其崇高的人格风范构筑了中国共产党和中华民族的道德丰碑。冯雪峰的人格风范主要体现为正直质朴的品格作风、清新崇高的诗歌情怀、坚如磐石的革命理想、血浓于水的人民情结、不畏艰难的斗争精神。冯雪峰的人格风范,对于新时代广大党员干部加强党性修养具有重要意义。

关键词：冯雪峰;人格风范;基本特征

近代以来,金华这片黄土地走出了一个又一个伟大的革命先驱,他们将自己的一生献给了中国革命事业,留下了闪闪发光的足迹。冯雪峰正是这样一个"筚路蓝缕,以启山林"的开拓者。他的一生交织着多重身份。首先,他是一位无产阶级革命者,曾在党内担任过要职,参加过二万五千里长征,与瞿秋白、毛泽东、周恩来、张闻天等都有过密切的交往和工作上的接触。其次,他是马克思主义文艺理论家,在中国左翼无产阶级的文艺运动中,他是重要的组织者和领导者;他领导和参与了许多文艺运动,致力于无产阶级文艺的理论建设和创作实践;当无产阶级文艺进入以《在延安文艺座谈会上的讲话》为标志的新时期时,他又在理论上做了许多承前启后的工作,总结新民主主义文艺运动的经验,探讨社会主义文艺的规律;他作为鲁迅研究的"通人",科学地论证了鲁迅作为我国现代文学奠基者的地位,评论了许多构成中国现代文学史重要篇章的作家作品,为中国现代文学史奠定了思想和美学基础。此外,他还写了近300万字的杂文、诗歌、寓言、电影剧本、译作和回忆录[①]。纵观冯雪峰的一生,他不仅以其毕生的精力为实现国家富强、民族振兴和人民幸福建立了不朽功勋,同时也以其崇高的人格风范构筑了中国共产党和中华民族的道德丰碑。见贤思齐,学习冯雪峰的人格风范,对于新形势下广大党员干部加强党性修养具有重要意义。

---

① 陈早春,万家骥著:《冯雪峰评传》,人民文学出版社,2003年,第1—2页。

一、正直质朴的品格作风

1903年，冯雪峰出生在义乌赤岸乡神坛村一个普通的农民家庭里。义乌地处浙东，是古越的属地，素有"报仇雪耻之乡"之名，当地有其独特的民风。"卧薪尝胆"越王勾践、著名文人骆宾王、宋朝抗金名将宗泽等都是出自此地。这些乡邦英烈以及由他们的事业、文章构成的乡邦文献，是历代激发人们创造生活的精神力量，也是鼓励人们面对险恶条件从不屈服的精神支柱。义乌的民风淳朴、敦厚，但又有着长期与自然和社会斗争的坚韧。冯雪峰从小感染了故乡"民风的强顽"，渐渐形成了质朴、耿直、倔强的个性气质。就如鲁迅所说的，他是个具有"浙东人老脾气"的人。冯雪峰自己也曾有过感叹："凡在我们地方的人都有这特色，身体坚硬，皮色焦黑，石一般的心的痴呆，恰恰和我们的土地相合。我们是纯粹的山里人。"

冯雪峰正是以他"纯粹的山里人"的质朴和诚挚叩开了鲁迅的心扉，与他结下了深厚的友谊。1928年12月9日，柔石带他与鲁迅再次见面。当时的冯雪峰正在翻译马克思主义文艺理论方面的书籍，他带着自己的一知半解请教鲁迅，后来两人便渐渐熟络起来，常常一聊就是一两个或三四个小时。许广平回忆说："冯雪峰为人颇硬气，主见很深也很用功，研究社会科学时常向先生质疑问难，甚为相得。"在后来鲁迅思想转变的过程中，冯雪峰真实耿直的作风也体现得淋漓尽致，他毫不保留地向鲁迅讲述了他对《彷徨》《野草》中所反映的一些不健康思想和情绪的看法，也相当直言不讳地剖析了鲁迅在"革命文学"争论中一些基本正确但仍有失偏颇的言论。他熟知鲁迅当时正在研究马克思列宁主义，因此鲁迅已然可以一面咀嚼着自己的矛盾，一面又有力量克服自己的矛盾。在当时的环境中，冯雪峰认为鲁迅思想、立场的转变已经有了一定的基础。于是，他便在这个基础上，在可以燃烧的干柴垛上，放起火来，促进鲁迅的自我解剖。

在与毛泽东的交往中，冯雪峰同样正直、不媚上。冯雪峰曾说毛泽东是最值得他崇敬的领袖，在文学创作和革命过程中，他与毛泽东有过十分频繁的工作联系和亲密的个人友谊。在中央苏区，冯雪峰就曾数次公开对人说过，在中国，他最佩服两个人，一个是鲁迅，一个是毛泽东。但冯雪峰始终秉持着自己基于事实的正直立场，他对毛泽东的理论也绝不盲目崇拜。他致力于研究文艺理论，在关于文艺理论问题上一直保持着自己独到的见解。早在抗战时期，他就阅读了毛泽东的《在延安文艺座谈会上的讲话》，对毛泽东关于文艺批评应遵循政治标准第一、艺术标准第二的说法产生了异议。在冯雪峰看来，评价一部文艺作品不能将政治的、艺术的标准进行机械的割裂。文学作品倾注了作者的心血，反映了一定的社会现实，要把它作为一个统一体。一部作品能称得上艺术品，首要前提是要具备一定的艺术水平；而它的社会价值应当是这部作品为社会所带来的一切意义的总和，这才是作品真正的价值。

冯雪峰曾帮助昔日的老师搞"政工队"，而后招来牢狱之灾，在上饶集中营里度过了极为艰难的两年。直至有一天，他在战友的帮助下终于走出了那堵禁锢自由已久的高墙。为了掩人耳目，他住进了姚蓬子开办的作家书屋。蒋路在《只留清气满乾坤》中写道："雪峰同志在重庆期间,住在作家书屋仓库楼上一间小屋里,四周几乎全是摞得像一堵围墙似的大包大包的存书,中间留出一长条八九平方米的空地,紧里头靠窗口的地方摆着一张书桌,旁边有一两把木椅,右手一张单人板床,左手离桌椅稍远处是一个脸盆架,此外室内再没有别的陈设了。这样简陋的住所,即使在重庆最清苦的文化人中也很罕见……想起他以往的业绩,再看看眼前的境况,心里不禁感到戚然。"朋友们对冯雪峰在这样简陋的环境中生活感到愤愤不平。离开集中营后,冯雪峰仍不被党内重用,以前的下级纷纷成了他的上级,甚至上级的上级。但冯雪峰依然表现得很坦然:"你要知道,我住在这里,比住在别的地方安全。朋友来往也方便,姚蓬子能让我住下,就够朋友了。抗战时期一切从简,我这里既有书看,又能写作,不是蛮好吗?"他始终保持着自己一贯的作风——踏实做人,切实做事。不走政治这条路,他也可以搞文学。于是他进行杂文和寓言的写作,以他特有的深刻开拓着鲁迅研究的园地,在推动文学发展的进程中默默地耕耘着。

冯雪峰正直质朴的品质作风使得他在生活的艰苦磨砺中依然保持着自己的初心,为中国现代文学事业、为中国革命事业贡献了伟大的成就。在中国历史的进程中,像冯雪峰这样的革命家还有很多,他们一生朴实无华,默默奉献着自己的心力,在各自的领域中不断与时俱进,追求创新,有着质朴而又令人肃然起敬的伟大品格。

二、清新崇高的诗歌情怀

"如雪山之峰,崇高洁白,傲然挺立",这样的品格贯穿于冯雪峰的文学生涯。自他18岁出门远行,从"歌笑在河畔,歌哭在河畔"的青年诗人一路走来,逐步成长为中国现代史上著名的作家、文艺理论家以及革命家。他一生笔耕不辍,一有机会就拿起战斗的笔,创作出大量的诗歌、杂文、寓言和文艺理论等,在中国现代文学史上写下了浓重的一笔。

冯雪峰一生的诗歌创作,主要是在民主革命阶段,可以分为"湖畔"和"上饶"两个时期。1921年,他开始进行新诗的创作,和汪静之、潘漠华一起成立了一个新文学团体"晨光社"。在与师长和同学的交流切磋中,冯雪峰从一般地爱好文学慢慢地向立志于从事文学活动转变。1922年,他与应修人、潘漠华、汪静之合著,以"湖畔诗社"的名义出版了诗集《湖畔》,而后又出版了诗集《春的歌集》。冯雪峰这一时期的诗以"明快"著称,有如"晴风乱飐"般明媚,而使人"心笑"。当时的中国还处在各派军阀的统治之下,国家祸乱不断,民不聊生。新文化运动倡导者们在这样的形势下对封建愚昧势力发起批判和冲击,他们掀起了一股思想解放的潮流。冯雪峰在"五四"时代的氛围里受到了熏陶和启示,自我意识开始觉醒,能够以一种更加崭新的眼光看待现实,展望未来。当他步入被新文化、新思潮所照耀的世界时,时代给他提供了思想条件,文学的解放和新诗的出现,又为他开拓了艺术天地[①]。冯雪峰这一时期的诗歌体现了一种清新的情感,正如学者评价的"清新,意味着形象明净,内容单纯,语言圆润。还意味着诗句里含蓄着生命的水——汩汩流动的真情实感"[②]。这样一种清新

---

① 陈早春,万家骥著:《冯雪峰评传》,人民文学出版社,2003年,第21页。
② 阿红著:《漫谈诗的技巧》,春风文艺出版社,1982年,第272页。

的文学作品深深烙印着时代的色彩。"五四"时代正是这样一个激情澎湃、充满生机活力的时代。湖畔诗人们通过自己的内心世界，歌唱生活、友情、爱情，作品里溢满浓郁的青春气息。他们朝气蓬勃，为学术而学，为救国而思索，在争论中产生共鸣，为民族复兴而不懈奋斗。

从1941年至1942年，冯雪峰被国民党囚禁在上饶集中营，他在集中营里备受折磨。在那些苦难的日子里，为了抒发心中的郁结，他将精神情感寄托于诗歌，创作了《真实之歌》和《灵山歌》。在《真实之歌》中，冯雪峰将生命化作歌，他歌唱崇高，歌唱奉献与牺牲，歌唱美与大爱，歌唱一个理想追求者的梦与幻象①。在《审美》这首小诗中他这样写道："我们终于达到了这样的审美！——当陨星迸散，不去吁嗟那瞬息之光的幻灭的美，却在沉听那殒声的哀远。"这首从哲学的维度追求美的近似"生命宣言"的小诗，凝聚了《真实之歌》的核心性旋律：他自觉从审美的高度审视个人生命的陨落②。冯雪峰极度渴望光明，他与自己的内心世界搏斗，他愿意以全部生命忠诚于自己的时代。一个倔强生命的悲壮牺牲突显了人的生命的悠久价值。

冯雪峰身陷囹圄，他的大部分诗篇或写于特务眼皮底下的"牢房壁报"上，或是在牢房中偷偷完成密而不发，此时他的文学创作是极度隐秘的。一方面，他既要想方设法蒙混过那些嗅觉灵敏的特务们的眼睛，不给自己和难友们带来杀身之祸；另一方面，他又希望狱中的难友们和未来的多数读者能体悟到诗集中蕴含着的理想信念的崇高力量。于是，他将生活具体处境进行模糊化处理，但又加入了许多真实的细节，运用隐喻、曲折、象征、浪漫等表达方式，使得读者至今依然能够真切地感受到诗篇所传达的历史厚度和时代高度。

冯雪峰不畏苦难，他仍是"崇高洁白"，不断地彰显自己的个性，升华人生的价值。在他眼里，生命本就具有永恒的美。《在那山边》的诗中，他歌颂"在那山边"所看到的"一个绿的影子，一个我所那么注意的人，他是那生发，显耀，形成翠绿的光"！而他，就是自己要抓住的一个理想照耀的"真实的世界"，"而我果然将它抓住了。这就是你，朋友，这就是真实，这就是美"！后来，著名诗人绿原在通读了他的诗后，赞叹他的诗作是值得后人永远景仰的。

冯雪峰的文学生涯，始于诗而终于诗。他将自己的人生感悟、一腔热血都注入诗歌之中。冯雪峰的诗歌，给人以振奋精神、坚定信念之感。他正是怀抱着崇高的理想，才能不畏艰险，激励和指引着国家民族一路向前。

三、坚如磐石的革命理想

在战争年代，革命英雄们抛头颅洒热血，开辟了新中国的伟大征程；在和平年代，革命英雄们舍生忘死保平安，创造了高速发展的伟大奇迹。这一切，都源自共产党人的红色基因——革命精神。在金华这片红色革命的沃土之上，像冯雪峰这样的革命家们，用对信仰的无比坚定、对党和人民的赤胆忠诚，彰显了"革命理想高于天"的精神力量和崇高情怀。

---

① 孙玉石:《论〈真实之歌〉的精神与审美之魅力》,《鲁迅研究月刊》2003年第10期。
② 孙玉石:《论〈真实之歌〉的精神与审美之魅力》,《鲁迅研究月刊》2003年第10期。

在五四运动的发源地北京,冯雪峰开始研究社会科学理论。从李大钊的《布尔什维克主义的胜利》《我的马克思主义观》等文章中,他看到了李大钊高尚的人格精神和马克思主义能带给中国的力量。他进一步深入学习和研究马克思主义,并逐步树立起了共产主义信仰。

1927年4月12日,蒋介石发动了"四一二"反革命政变,腥风血雨笼罩了全国,国民党反动派大肆屠杀共产党员。4月28日,冯雪峰崇敬的李大钊不幸遇难。当时的中国大革命正遭受着血与火的考验,偷生者叛离革命,懦弱者徘徊动摇,悲观者消沉颓废,冯雪峰则愿意迎难而上,毅然于1927年6月加入了中国共产党。从此,他投身革命的怀抱,致力于为共产主义事业奋斗终生。自1931年始,冯雪峰曾经先后担任"左联"党团书记、中共上海中央局文化工作委员会书记、中共江苏省委宣传部部长等职。1933年后到中央苏区,任瑞金中共中央党校教务主任、副校长。而后,随中央红军参加了万里长征。冯雪峰边行军边进行教育宣传工作,靠着自己的双脚,拖着瘦弱的身体,坚持走完了漫漫长征路。到达陕北吴起镇后,冯雪峰又参加了中国红军抗日先锋军,渡过黄河东征。他担任了地方工作组组长。有一次,他率领的工作组和部队失去了联系,经过十几天的艰苦战斗,与敌人几番周旋方才回到部队。就此,毛泽东曾自豪地说:"谁说书生不会打仗? 雪峰同志就会打游击!"在极为艰苦和复杂的条件中,冯雪峰经历了与敌斗争和党内两条路线斗争的洗礼,他的思想变得更加成熟。

1941年皖南事变发生,国民党特务在闽浙赣等地大肆搜捕共产党员和进步人士。此次大逮捕行动震惊了金华的文化界和新闻界。冯雪峰被逮捕关押到上饶集中营。从江西出狱后,冯雪峰到重庆,在周恩来身边工作。新中国成立后,他曾任上海市文联副主席,中国作家协会党组书记、副书记,鲁迅著作编刊社社长兼总编辑,人民文学出版社社长兼总编辑,《文艺报》主编,第一届全国政协委员,第一届全国人大代表。在培养文学新人、领导文艺工作等方面,冯雪峰做出了自己的贡献。然而在1958年,种种莫须有的罪名加到了冯雪峰的身上。对于开除他党籍的错误处理,他百思不解,头发一下子苍白了,人也变得更加羸弱了。但他依然坚定地说:"我不能离开党,总有一天我会回到党的怀抱里来的。"直至1976年1月30日,冯雪峰在世的最后一天,他于弥留之际,在组织和战友面前,尽管已经无法说话,但仍让儿子冯夏熊代替他最后一次表示要回到党内的愿望。

冯雪峰自谦为"路边的一块小石子",他曾对自己的战友说过:"革命嘛,需要有人在厨房里烧火做饭,也需要有人在客厅里交谈应付。好,让我们永远做灶下婢吧。"冯雪峰的革命理想信念坚如磐石,因此他才能在乱云飞渡的复杂环境中把准方向,在泰山压顶的巨大艰险中坚强不屈。在中国革命的烽火岁月中,也是这样的理想信念,激励了一代又一代中国人民跨越千难万险,创造了一个又一个"中国奇迹"。

四、血浓于水的人民情结

冯雪峰在《回忆鲁迅》中写道:"凡是死后而仍活在人民心上的人,都是人民在前进的路上抬头就能看见他的背影的人。"如同鲁迅,冯雪峰自己也是这样一个忠诚于党、忠诚于人民,将人民放在心上的人。他们深知,党的事业不竭的力量便是来自人民,要以坚定的理想信念坚守初心,不管在哪个历史时期,都要牢记人民对美好生活的向往是我们的奋斗目标,时刻不忘党来自人民、植根人民,永远不能脱离群众、轻视群众、漠视群众疾苦。

冯雪峰来自社会底层,他亲历和目睹了人间的痛苦和不幸,也看到了强暴与仁恕都反映着"人生地真义",人世间有着两个互不相通的世界,人间多有"不幸者们","苦痛的种子已撒遍人间了"。他感同身受着,把凝注的目光投向生活底层不幸的人们,写他们的痛苦与挣扎,也写他们的爱与梦。在《不幸者们》一诗中,他做出了这样的表白:"当我要写不幸者们的诗时,我的泪便抢着先来了;占据了全纸上,——我也便不写了;我将泪湿遍了的纸儿给人们看,或者人们会认识罢?这就是不幸者们了。"冯雪峰用一颗真心体会着不幸者们的苦难,并且他也将自己和这些不幸者们联系在一起,视为同一阶层。

在文学创作和实践的过程中,冯雪峰既抒发着人民大众的不幸,同时也深刻体悟着需要重视人民,他看到了人民大众所具有的新生力量。他说:"现在现实主义的理论和运动的方向,是向着文艺之人民力的反映和大众化创作实践的展开。"他又说:"谁都认为反映全民族的人民的生活和现实的斗争,特别反映在飞跃地发展着的人民的新生的力量,是我们革命现实主义文艺现在所追求的唯一根本的目标。"①而这种力量的迸发正是在艰难与挫折、失败和错误中,人民大众才能更好地发挥自身的作用。正如冯雪峰所说的:"人民不能是一个概念的名词,人民的战斗不能是在光辉与胜利之外就不包括艰难挫折,错误与失败的斗争。革命的人民既不能不是和反革命阶级矛盾的对立物,它本身也就不能是没有矛盾的统一物;人民的胜利就不能不在战胜敌人的过程中也同时经过自身的光明与黑暗、进步与落后的矛盾斗争的过程而取得的。"②

冯雪峰认为"人民"的内涵是复杂的,并不是仅有"光明、解放"等积极因素,也包含着"屈服、消极、麻木"等相对消极的因素,因此,作家的任务是以"艺术力"发掘"人民力",从积极正面的角度凸显人民大众原始的力量。他认为鲁迅、丁玲等人也正是看到了人民伟大的创造力,因而对其有着很高的评价。

在冯雪峰对鲁迅的研究文章中,他也很注重强调鲁迅对于人民大众的爱。他在文章中谈道:"鲁迅先生的为民族和大众而战斗的意志和博大的爱,他的对历史的透视和对人生的睁眼正视,这些就产生了他的有鲜明光彩的独特的现实主义。鲁迅先生的现实主义,是历史的知识和民族的爱的统一。"③"在今天以前,还没有谁在对于大众的爱上,对历史的透视上,像鲁迅先生这样本质地拥有着这个民族的战斗的精神的吧。"④冯雪峰始终坚定不移地为人民服务,为共产主义事业服务。1931年9月28日,瞿秋白的《东洋人出兵》发表于"左联"刊物《文学导报》第1卷第5期上。冯雪峰在阅读了瞿秋白的文章后,认为这类通俗易懂的文艺作品能直击民众的内心,同时也会为革命斗争起到良好的宣传效果。通过与瞿秋白

---

① 冯雪峰:《冯雪峰选集:论文编》,人民文学出版社,2003年,第209页。
② 冯雪峰:《冯雪峰选集:论文编》,人民文学出版社,2003年,第186页。
③ 冯雪峰:《鲁迅与中国民族及文学上的鲁迅主义》,《文艺阵地》1941年第5期。
④ 冯雪峰:《鲁迅与中国民族及文学上的鲁迅主义》,《文艺阵地》1941年第5期。

反复协商,冯雪峰决定及时撰文评论,以推动这种人民大众喜闻乐见的革命文艺更好地为抗战服务。

冯雪峰在评论中指出,要发动一切革命作家和文艺爱好者,创作反帝抗战的大众文学,如唱本、歌谣、连环画、故事、小说等。这些都体现出冯雪峰浓厚的人民情结。

五、不畏艰难的斗争精神

中国共产党在领导中国革命、建设和改革的过程中,正是依靠着不畏艰险、坚持不懈的斗争精神,从一个胜利走向又一个胜利。对于冯雪峰来说,他的一生历尽坎坷,饱受苦难。他被勒令退过学,也因家庭情况辍过学,参加过长征,被捕入狱,卷入"胡风事件"在党内受到批判,后又被开除党籍,"文革"期间被隔离监禁。但他仍将自己视为一名共产党员,从不畏惧艰难苦楚,正因此更显示了他的一身正气,铮铮铁骨。他始终怀抱着对文学创作和革命的激情,为党和党的事业的发展默默奉献着。

在狱中,他曾写下过这样一首诗:"火!哦,如果是火!你投掷在黑夜!你燃烧在黑夜!我心中有一团火,我要投出到黑夜去!让它在那里燃烧,而让它越燃越炽烈!"这一首诗歌透露着他的心声,集中营的生活黑暗无比,令人心生恐惧,冯雪峰却要求自己成为一把在阴影中熊熊燃烧的火炬,去照亮狱中战友们的斗争道路,激发他们的革命斗争热情。尽管冯雪峰身体羸弱多病,但他始终关心着狱中地下党领导的对敌斗争,他渴望能尽自己的一份心力,于是通过一些可靠的渠道与同志们沟通交流,提出重要的建议。地下党的领导人也知道冯雪峰是个老党员,在遇到重大棘手的问题时,便悄悄去向他请教。在上饶集中营里,新四军被俘干部是对敌斗争的主力军。在1942年5月至6月,他们先后发动了两次集体活动,结果都是比较成功。除此之外,也有部分同志采取了分散越狱的办法。冯雪峰体弱多病,对他来说越狱是困难的。但他始终秉承乐观的心态,从不气馁,积极鼓励和支持战友越狱,有几个同志就是在他的帮助下逃出了监狱的龙潭虎穴。

从上饶集中营监狱的铁窗望出去,可以看到远处的灵山。在狱中,冯雪峰就经常远眺这座灵山,写出了《灵山歌》:"我们望得见灵山,一座不屈的山!它显得多么伟美——崎岖,峥嵘,一连串的高峰直矗到天际。有时它蒙罩在梦一般的云里,它自己也显得和云一样的奇伟。……从这山,我懂得了历史悲剧的不可免,从这山,我懂得了我们为什么奔赴那悲剧而毫无惧色,而永不退屈!……"冯雪峰的《灵山歌》是一个革命者在用热血和无畏表达对黑暗社会的不满与控诉,在用激情和坚贞唤醒人们为争取民主与自由而不懈地奋斗。虽然,出于当时狱中的恶劣环境,诗中并没有点明具体的名字,但冯雪峰笔下赞美坚贞不屈的灵山,实是对方志敏烈士伟大形象的描绘与歌颂。"伟大的战斗者,重聚了大军,坚持大义的血旗……披靡着东南整个的地区。"此中讲述的便是方志敏在闽浙赣一带,高举革命的大旗,创建了红十军。《灵山歌》是冯雪峰对革命先驱"毫无惧色,而永不退屈"斗争精神的绝唱,是对方志敏烈士视死如归精神的咏叹。面对国民党反动派特务的迫害,他决心以方志敏烈士为榜样,为革命牺牲自己的一生而毫无惧色。

1958年4月,冯雪峰被划为右派分子,他被开除党籍,同时也被撤销了人民文学出版社社长兼总编辑等职务,他在"文化大革命"中更是经常挨批斗,但他始终抱着坦然、乐观的态度。直至1979年4月,中共中央组织部批准了人民文学出版社《关于冯雪峰同志右派问题的改正决定》,为他恢复了党籍,恢复了政治名誉。这年11月17日,中央有关部门为冯雪峰同志补开了隆重的追悼会,称他是优秀共产党员、著名无产阶级文艺理论家和作家、诗人。这份经党中央批准的悼词中,特地赞扬了冯雪峰1941年被捕关入上饶集中营后,"坚贞不屈,团结难友,坚持斗争,表现了共产党员的英雄气概和高贵品质",赞扬"他一生忠于党,忠于人民,坚持马列主义、毛泽东思想。他的一生,是革命的一生,战斗的一生"。

回望冯雪峰的一生,我们仍会敬叹他的伟大品格以及他的无私奉献精神。如今,我们于新时代于新的历史起点上进行伟大斗争、建设伟大工程、推进伟大事业、实现伟大梦想,要继承发扬冯雪峰的人格风范,不断增强中国特色社会主义的道路自信、理论自信、制度自信、文化自信,为早日实现中华民族的伟大复兴而奋斗终生。

主要参考文献

[1] 陈早春,万家骥. 冯雪峰评传[M]. 北京:人民文学出版社,2003
[2] 阿红. 漫谈诗的技巧[M]. 沈阳:春风文艺出版社,1982
[3] 冯雪峰. 冯雪峰选集:论文编[M]. 北京:人民文学出版社,2003
[4] 冯雪峰. 鲁迅与中国民族及文学上的鲁迅主义[J]. 文艺阵地,1941(5)
[5] 孙玉石. 论《真实之歌》的精神与审美之魅力[J]. 鲁迅研究月刊,2003(10):79-87

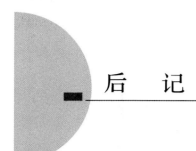

后　记

  本书由金华市委宣传部和浙江师范大学马克思主义学院共同策划和组织编写,旨在纪念为民族独立、人民解放和国家繁荣富强而英勇献身的金华优秀儿女,以迎接中国共产党百年诞辰的到来。本书也是金华市委宣传部和浙江师范大学共建马克思主义学院的阶段性建设成果。

  本书编写的具体分工为:邵飘萍部分由陈肖英负责;金佛庄部分由章小朝负责;潘漠华部分由傅庆芳负责;徐英部分由苏煜负责;陈望道部分由周志山负责;施复亮部分由张啸尘、何民胜负责;冯雪峰部分由姜玉峰负责。全书最后由章小朝负责统稿,金华市委宣传部和浙江师范大学马克思主义学院审核定稿。

  本书人物编排顺序遵循烈士在前、兼顾出生年月的原则排列。为了对这些历史人物及其影响进行较为全面的梳理和论述,本书分传记、纪事、评述三个篇章展开,这也是对于历史人物研究的一种有益尝试。

  在本书编写过程中,参考了许多已有研究成果和大量相关资料,在此对相关作者表示衷心感谢!由于受前期研究所限,本书在某些方面一定还存在疏漏和不足。在此,一并敬请各位领导、专家和读者批评指正,以便今后修改、完善。

作者

2021 年 6 月